股权博弈

股权争夺中的博弈策略思维

张 影 ▶ 著

中国商业出版社

图书在版编目（CIP）数据

股权博弈：股权争夺中的博弈策略思维/张影著. -- 北京：中国商业出版社，2021.10
ISBN 978-7-5208-1799-8

Ⅰ.①股… Ⅱ.①张… Ⅲ.①股权管理－研究 Ⅳ.① F271.2

中国版本图书馆 CIP 数据核字（2021）第 189427 号

责任编辑：包晓嫱　佟 彤

中国商业出版社出版发行
010-63180647　www.c-cbook.com
（100053 北京广安门内报国寺 1 号）
新华书店经销
香河县宏润印刷有限公司印刷

*

710 毫米 ×1000 毫米　16 开　15 印张　215 千字
2021 年 10 月第 1 版　2021 年 10 月第 1 次印刷
定价：58.00 元

****

（如有印装质量问题可更换）

前言

股权博弈,从思维朦胧到策略精准

从曾经的短缺经济到如今的高度竞争,企业的价值创造与精神传递经过了五个时代。

产品时代:企业经营以产品为导向,致力于生产优质产品,不断精益求精。

商品时代:企业发展转向关注市场与消费者需求,生产用于满足消费者需求的产品。

品牌时代:企业与客户建立互动,利用品牌价值抢占消费市场。

资本时代:企业资本积累方式转向,资本杠杆决定了企业的规模效应与利润超期。

股权时代:企业由对具体"业务"的经营转变为对实际控制权的经营。

简单的企业控制权是不用专门设计的,出资比例=股权比例=投票权比例。

按照最基础的股权模式,创始人持股67%就拥有绝对控制权,但同时也意味着只能出让33%的股权用于引入合伙人、融资、股权激励,操作空间十分有限。而引入外部资金是当下企业快速壮大的必经路径,若企业不能走出这一步,就会失去发展的契机。

360创始人周鸿祎曾说:"我在雅虎的收获就是领悟到了对于公司控制权的把握,尤其在互联网领域里,大家都是围剿式发展,因此绝对的话语权至关重要……"可见，顶级企业创始人对于股权设计的重视已从思维意识层面进入具体行动层面，而且采取的策略越发具有针对性，极其精准地将股权博弈战的"胜赛点"掌控在自己手中。

股权博弈的策略不仅决定了企业的生存能力和发展速度，还决定了企业控制权的分配，关乎企业的生死存亡。因此，股权博弈不是简单的股权分配数学题，而是经营管理的综合体现，是法律认知的最终表达，是企业对外传递出的能力信号和责任担当。

股权是系统的理论与实践，不能掐头去尾地讲，而要理出"线头"，由浅入深，解决很多企业创始人和管理者对于股权类知识的概念不清和认识模糊的问题。有了清晰的认识才能有正确的思维，本书的"开局"就是对知识系统导入的阶段。

思维正确不代表行动正确，很多企业因股权设计失误导致的迷局、困局、难局、"死"局皆因错误行动引发，本书的"迷局"就是查找错误、消除错误的阶段。

思维正确了，行动方向找到了，接下来就是采取正确行动的阶段，即本书的"破局"。通过实施公司章程、有限合伙企业、一致行动人、投票权委托、持股平台、AB股等控制策略，将股权博弈策略全面展现。

不同于其他类书籍将股权设计的重要性置于开篇，我们将此置于最后，是顺应思维的结果。只有在了解并掌握了股权概念的相关知识和股权博弈的相关方法后，才能从结果的角度反推出股权设计对于企业的重要性，也才能真正明白股权设计的精妙之处，从而真正体现"终局"的含义。

本书以四大结构逐步深入，将帮助企业创始人和管理者从思维朦胧走向策略精准，成为股权博弈的完美赢家。

目 录

开局

第一章 股权的初步认知 / 2
1.1 什么是股权 / 2
1.2 获得股权的途径 / 6
1.3 解读股权的载体 / 33
1.4 股权的核心作用 / 41

第二章 公司股权的控制基础 / 46
2.1 公司的"三会一层"决策结构 / 46
2.2 涉及股权架构设计的关键解释 / 56
2.3 股权架构设计为何如此重要 / 63

迷局

第三章 股东应掌握的知识点 / 68
3.1 股东角色的关键点 / 68
3.2 隐名股东的利益维护 / 72
3.3 各项股东权利 / 76

第四章 熟悉股权纷争发生的前奏 / 84
4.1 股权分配的困局 / 84

4.2 股权运作中的风险 / 89

4.3 股权转让控制战 / 94

第五章 了解股权博弈的命脉 / 98

5.1 股权运作生命线 / 98

5.2 股权结构的衡量标准 / 109

5.3 股权结构的常规类型 / 111

破局

第六章 公司章程控制策略 / 116

6.1 公司章程的价值和意义 / 116

6.2 运用公司章程控制公司 / 118

第七章 合伙制企业控制策略 / 126

7.1 合伙制企业的独特性 / 126

7.2 合伙制持股平台模式 / 129

7.3 合伙人股权退出机制 / 137

第八章 一致行动人控制策略 / 143

8.1 一致行动人的界定 / 143

8.2 一致行动人案例 / 147

8.3 一致行动协议 / 154

第九章 委托投票控制策略 / 160

9.1 表决权委托的真相 / 160

9.2 投票权委托案例 / 167

9.3 表决权委托协议 / 170

第十章 持股平台控制策略 / 175

10.1 认识持股平台 / 175

10.2 持股平台的形式 / 178

10.3 持股平台案例 / 182

第十一章 AB 股控制策略 / 189

11.1 AB 股模式 / 189

11.2 AB 股架构的其他形式 / 194

终局

第十二章 股权设计的底层支撑 / 202

12.1 股权设计的必要性 / 202

12.2 顶层股权设计的"三必原则" / 208

12.3 顶层股权设计情况汇总 / 211

开局

第一章 股权的初步认知

本章是全书的开篇,介绍股权最核心的内容,包括股权的获得途径、股权的载体和核心作用。我们要做的不是简单地复述概念,而是进行最正确的解释和最系统的传播。

1.1 什么是股权

股权是财产所有权的一种,是股东通过出资或受让等合法方式,拥有公司股份或者出资份额,并因此享有参与公司管理决策、享受利润分红的可转让权利。

提到股权,就不能不提股份和股票,三者之间有什么联系,又有怎样的区别,三者与公司有怎样的对应关系?

1.1.1 股权、股份、股票的区别

在《中华人民共和国公司法》(以下简称《公司法》)中,涉及有限责任公司股东的权利多用股权,涉及股份有限公司股东的权利多用股份。

1. 股权的定义

股权属于财产所有权的一种。股权是有限责任公司股东对公司享有的人身和财产权益的一种综合性权利。股权有如下含义:

(1)股权是有限责任公司资本的最基本单位;

(2)股权代表有限责任公司股东的权利与义务;

(3)股权的价值表现形式为出资证明书;

（4）股权可依法转让。

在股东转让股权后，公司应立即注销原股东的出资证明书，并向新股东签发出资证明书，即一份股权只能对应一份出资证明。

出资证明书由公司盖章，其中必须载明的事项有：①公司名称；②公司成立日期；③公司注册资本；④股东姓名或名称；⑤股东缴纳出资额和出资日期；⑥出资证明书编号和核发日期。

股权可以分为三大类（见表1-1）。

表1-1 股权分类

权益归属	自益权	主要指财产权，是股东为了自身利益而行使的权利。如股利分配请求权、公司盈余分配请求权、股份转让权、新股有限认购权等
	共益权	股东为了自身利益的同时，兼顾企业利益而行使的权利。如股东会议召集权、表决权、提案权等
权益级别	普通股东权	又称"一般股东权"，指持有普通股所产生的股东权
	特别股东权	指在股份有限公司中，特定股东所拥有的权利。如对公司某些事项的优先表决权、优先获得股息和红利等权利
权益体量	单独股东权	指不论股东持股数量多少，每一单独股份在企业内均享有相关权利
	少数股东权	指拥有企业股份达到一定比例才能形成的特定权利

2.股份的定义

股份是对股份有限公司资本进行计量的单位，能直观表现出股东在企业总资本中所占的投资比例，并体现出股东所拥有的可转让权利的多少。股份的含义有：①股份是股份有限公司资本的最基本单位；②股份代表了股份有限公司股东的权利与义务；③股份的价值表现形式为股票价格；④股份可以转让。

股份具有四个特点：

（1）价值性——股份是公司资本与一定价值的体现，可以用货币加以衡量；

（2）平等性——股份发行须遵循公平、公正原则，同种股份的每股权利相等；

（3）不可分性——股份是公司资本的最基本构成单位，每股不可再分；

（4）可转让性——股东持有的股份可以依法转让。

《公司法》第一百三十七条规定："股东持有的股份可以依法转让。"

《公司法》第一百三十八条规定："股东转让其股份，应当在依法设立的证券交易场所进行或者按照国务院规定的其他方式进行。"

3.股票的定义

股票是股份有限公司发行的所有权凭证，是股份有限公司为筹集资金而发行给各个股东作为持股凭证并借以取得股息和红利的一种有价证券。

每股股票都代表股东对企业拥有一个基本单位的所有权，股东个体所拥有的公司所有权份额的大小取决于其所持有的股票数量占公司总股本的比重。

《公司法》第一百二十五条规定："股份有限公司的资本划分为股份，每一股的金额相等。公司的股份采取股票的形式。股票是公司签发的证明股东所持股份的凭证。"因此，股票是股份有限公司的专属概念，有限责任公司以出资证明书为所有权凭证。

股票由公司法定代表人签名，公司盖章，其中必须载明的事项有：①公司名称；②公司成立日期；③股票种类；④票面金额即代表的股份数额；⑤股票编号。

股票具有六个特点：

（1）流通性——股票是资本市场的有价证券，可以转让、买卖或作价抵押；

（2）收益性——拥有公司股票就可享受公司的分红，也可通过交易实现溢价收益；

（3）同权性——同一类别的股票每股代表公司所有权是相等的；

（4）同价性——同次发行的同类股票，每股的发行条件和价格应相等；

（5）参与性——持股人可以参与公司股东会/大会行使自己的权利；

（6）风险性——股票投资风险较大，且股票一经发售，除有特殊约定外，不得返还。

股票可以根据业绩表现、分配顺序和是否记名分为三种类型。

第1类：按业绩表现分为蓝筹股、绩优股和垃圾股。这是最被大众熟知的一种划分方式，其中蓝筹股是指那些在其所属行业内占有重要支配性地位，且业绩相对优良、红利比较丰厚、成交相当活跃的大公司股票；绩优股是指公司规模在行业内不算突出，但能保持稳定增长且业绩优良的公司股票；垃圾股是指那些业绩长期较差、发展滞缓的公司股票。

第2类：按分配顺序分为优先股和普通股。优先股代表具有优先权利的股票，优先股股东的权利主要表现在优先分配利润（优先分配权）和优先分配剩余资产（优先求偿权）。普通股代表具有一般权利的股票，每股通常对应一个投票权，普通股股东按持股比例分享收益。目前，主板市场和"新三板"市场均有优先股相关规定和发行案例；上海证券交易所和深圳证券交易所上市交易的股票都是优先股；"全国中小企业股份转让系统"挂牌转让的股票都是普通股。

第3类：按是否记名分为记名股票和无记名股票。记名股票是公司向发起人和法人发行的股票，并记载该发起人、法人的姓名或名称。记名股票应当置备股东名册，其中必须载明的事项有：①股东姓名或名称；②股东地址；③各股东所持股份数；④各股东所持股票的编号；⑤各股东取得股份的日期。无记名股票是公司面向员工或大众发行的股票，应当记载所发行的股票数量、日期和编号。

本部分的最后以表格形式列出股权、股份、股票与有限责任公司和股份有限公司的对应关系（见表1–2）。

表1–2 股权、股份、股票与有限责任公司和股份有限公司的对应关系

项目	有限责任公司	股份有限公司
资本基本单位	股权	股份
外在表现形式	出资证明书	股票
出资获得的身份	股东	股东
基于股东身份获得的权利	股东权利	股东权利

1.1.2 股权等于股东权利吗

我们已经了解了股权的概念，再来看看什么是股东权利。

通过认缴出资、认购股份或其他方式，取得对应比例的公司股权或股份后，成为公司股东，获得股东资格。股东权利就是基于股东资格，并按照《公司法》或公司章程约定对公司享有的相应权利。也就是说，只有拥有股东资格才拥有股东权利，若股东资格丧失则股东权利随之丧失。

关于股东权利的内容在《公司法》中都有体现，归纳总结为：表决权、选举权和被选举权、知情权、查阅权、建议权和质询权、召开临时股东会/大会和自行召集权、临时提案权、转让权、股利分配请求权、异议股东股份回购请求权、增资优先认购权、剩余财产分配请求权、申请法院解散公司权等。

通过与1.1.1中股权的解释对比可知，股权并不是股东权利，两者是既相互关联又完全不同的概念。作为企业创始人或经营者，必须清楚股权、股份、股票和股东权利都是不等同的，要做到真正理解，避免因为概念混淆而引发对于公司股权设计、股权控制和股权激励等的操作错误。

1.2 获得股权的途径

根据前文所述，需通过出资、认购股份或其他方式获得公司的股权或股份后，成为公司股东。那么，获得股权具体有哪些途径呢？

1.2.1 直接出资

根据《公司法》规定可知，"出资"有两层含义：一是认缴出资或认购股份，二是实缴出资或实缴资本。

2013年12月8日，《公司法》就公司成立时必须缴纳全部或部分出资要求进行修改，改为"注册资本登记认缴制"。有限责任公司和发起设立的股份有限公司实行"认缴制"——以全体股东"认缴的出资额"或"认购的股本总额"为注册资本；募集设立的股份有限公司仍实行"实缴制"——以公司"实缴股本总额"为注册资本。

同时，除法律、行政法规和国务院决定另有规定外，一次性取消了注册资本最低限制要求、首次出资比例要求、实缴出资期限要求、货币出资比例要求以及强制验资制度。

对于出资方式，《公司法》和《中华人民共和国公司登记管理条例》（以下简称《公司登记管理条例》）都有相关规定。

《公司法》第二十七条规定："股东可以用货币出资，也可以用实物、知识产权、土地使用权等可以用货币估价并可以依法转让的非货币财产作价出资；但是，法律、行政法规规定不得作为出资的财产除外。对作为出资的非货币财产应当评估作价，核实财产，不得高估或者低估作价。法律、行政法规对评估作价有规定的，从其规定。"

《公司登记管理条例》第十四条规定："股东的出资方式应当符合《公司法》第二十七条的规定，但是，股东不得以劳务、信用、自然人姓名、商誉、特许经营权或者设定担保的财产等作价出资。"

另有三个方面需要理清楚，即股权是否允许出资，债券是否允许出资，上市或新三板挂牌公司的出资要求有哪些。

1. 股权可以用于出资

股东或发起人可以以其持有的在中国境内设立的公司股权出资。以股权出资应当权属清晰、权能完整、依法可以转让。但以下几种股权不得作为出资：①股权已被设立质权；②股权所在公司章程约定不得转让；③法律、行政法规或国务院决定规定股权所在公司股东转让应当报经相关行政部门批准而未批准；④法律、行政法规或国务院决定规定不得转让的其他情形。

2. 债券可以用于出资

债权人可以将其依法享受的对在中国境内设立的公司的债权转为公司股权，但需满足几个条件：①债权人已经履行债权所对应的合同义务，且不违反法律、行政法规、国务院或公司章程的禁止性规定；②经人民法院生效判决；③经仲裁机构裁决确认；④因公司破产重整或者和解期间，而列入经人民法院批准的重整计划或者裁定认可的和解协议。

3. 上市或新三板挂牌公司的出资要求

对于上市或新三板挂牌的主体公司，虽然《公司法》取消了关于出资的很多规定，但实缴出资必须到位，且股权必须清晰。

《首次公开发行股票并上市管理办法》（2018 年修正）第十条、《首次公开发行股票并在创业板上市管理办法》（2018 年修正）第十二条有相同规定："发行人的注册资本已足额缴纳，发起人或者股东用作出资的资产的财产权转移手续已办理完毕，发行人的主要资产不存在重大权属纠纷。"

《首次公开发行股票并在创业板上市管理办法》（2018 年修正）第十五条规定："发行人的股权清晰，控股股东和受控股股东、实际控制人支配的股东所持发行人的股份不存在重大权属纠纷。"

《全国中小企业股份转让系统股票挂牌条件适用基本标准指引》第一条第一款第二项规定："公司股东的出资合法、合规，出资方式及比例应符合《公司法》相关规定。（1）以实物、知识产权、土地使用权等非货币财产出资的，应当评估作价，核实财产，明确权属，财产权转移手续办理完毕。（2）以国有资产出资的，应遵守有关国有资产评估的规定。（3）公司注册资本缴足，不存在出资不实情形。"

《全国中小企业股份转让系统股票挂牌条件适用基本标准指引》第四条第一款规定："股权明晰，是指公司的股权结构清晰，权属分明，真实确定，合法合规，股东特别是控股股东、实际控制人及其关联股东或实际支配的股东持有公司的股份不存在权属争议或潜在纠纷。1. 公司的股东不存在国家法律、法规、规章及规范性文件规定不适宜担任股东的情形。2. 申请挂牌前存在国有股权转让的情形，应遵守国资管理规定。3. 申请挂牌前外商投资企业的股权转让应遵守商务部门的规定。"

《全国中小企业股份转让系统股票挂牌条件适用基本标准指引》第四条第二款规定："股票发行和转让合法合规，是指公司及下属子公司的股票发行和转让依法履行必要内部决议、外部审批（如有）程序。1. 公司及下属子公司股票发行和转让行为合法合规，不存在下列情形：（1）最近 36

个月内未经法定机关核准，擅自公开或者变相公开发行过证券；（2）违法行为虽然发生在 36 个月前，目前仍处于持续状态，但《非上市公众公司监督管理办法》实施前形成的股东超 200 人的股份有限公司经中国证监会确认的除外。2.公司股票限售安排应符合《公司法》和《全国中小企业股份转让系统业务规则（试行）》的有关规定。"

1.2.2 股权转让

根据《公司法》相关规定，有限责任公司的股权转让和股份有限公司的股份转让情况不同，应分别考虑。

1. 有限责任公司的股权转让规定

《公司法》第七十一条规定："有限责任公司的股东之间可以相互转让其全部或者部分股权。股东向股东以外的人转让股权，应当经其他股东过半数同意。股东应就其股权转让事项书面通知其他股东征求同意，其他股东自接到书面通知之日起满三十日未答复的，视为同意转让。其他股东半数以上不同意转让的，不同意的股东应当购买该转让的股权；不购买的，视为同意转让。经股东同意转让的股权，在同等条件下，其他股东有优先购买权。两个以上股东主张行使优先购买权的，协商确定各自的购买比例；协商不成的，按照转让时各自的出资比例行使优先购买权。公司章程对股权转让另有规定的，从其规定。"

2. 股份有限公司的股份转让规定

根据《公司法》相关规定，股份有限公司股东持有的股份可以依法自由转让（有法规限制的例外）。

股东转让其股份应当在依法设立的证券交易场所进行或者按照国务院规定的其他方式进行。A 股上市公司的股票在上海证券交易所或深圳证券交易所公开交易转让；"新三板"挂牌公司的股票在"全国中小企业股份转让系统"挂牌转让。

《公司法》第一百三十九条规定："记名股票，由股东以背书方式或者法律、行政法规规定的其他方式转让；转让后由公司将受让人的姓名或者名称及住所记载于股东名册。股东大会召开前二十日内或者公司决定分配股利的基准日前五日内，不得进行前款规定的股东名册的变更登记。但是，法律对上市公司股东名册变更登记另有规定的，从其规定。"

《公司法》第一百四十条规定："无记名股票的转让，由股东将该股票交付给受让人后即发生转让的效力。"

注：背书是持票人为将票据权利转让给他人（转让背书）或者将特定的票据权利授予他人行使（非转让背书），而在票据背面粘单上记载有关事项并签字盖章的行为。非转让背书包括"委托收款背书"和"质押背书"。

其中，对于股份有限公司的股份转让还有一些限制。

（1）发起人股份限制。自公司成立之日起一年内，发起人持有的本公司股份不得转让。

（2）已发行股份限制。公司公开发行股份前已发行的股份，自公司股票在证券交易所上市交易之日起一年内不得转让。

（3）董事、监事、高级管理人员限制。公司的董事、监事、高级管理人员应当向公司申报所持有的本公司的股份及其变动情况，在任职期间每年转让的股份不得超过其所持有的本公司股份总数的25%，且所持本公司股份自公司股票上市交易之日起一年内不得转让。上述人员离职半年内，其所持有的本公司股份不得转让。公司章程可以对公司董事、监事、高级管理人员转让其所持有的本公司股份作出其他限制性规定。

1.2.3 股权激励

股权激励是公司以付出股权为代价换取激励对象努力工作而达到某种经营目的，因此股权激励会附带很多条件，激励对象需要为此付出劳动，用相应的贡献获得相应的股权。

通过股权激励获得实际股权的方式有老股转让和新股增资两种。另有虚拟股权激励的"虚拟股票"形式，是以股权为标的的分红权或者未来收益权的激励，被激励对象无法直接体现股东身份，没有全部的股东权利，因此此类激励方式获取的并非严格意义上的股权。

股权激励获得股权的对价方式可以概括为两种：一种需要付出对价，可能会略低于市场价值；另一种无须付出对价。

注：对价是指一方为获得某种利益或换取另一方做某事的承诺而必须给付对方相应的代价（不限于金钱）。

常见的股权激励方式有以下几种。

1. 期股

期股是企业向激励对象提供的一种许诺式报酬制度，实行的前提条件是激励对象必须购买本企业的相应股份。

通常由企业出资，贷款给激励对象作为其购买企业股份的投入。所以，得到期股激励的对象对期股拥有表决权和分红权，但所有权是虚的，只有将所购买期股的贷款全部还清后才能实际拥有。虽然分红权是实的，但前期所分得的红利需用来偿还期股贷款，偿清后激励对象可获得相应受益。

实施期股激励有三项优点。

（1）股票增值与企业增值成正比关系。企业效益提高，企业资产增值，个人所持有的期股也将增值，这将促使激励对象更加主动地参与到企业经营和长远计划中。

（2）股票来源多样性。期股既可以通过个人出资购买，也可以通过贷款获得，对于购买股票资金不足者非常有利。

（3）股票收益中长期化。可以是任期届满或任期届满后若干年一次性兑现，也可以是每年按一定比例匀速或加速兑现。无论采取哪种兑现方式，都能做到避免一次重奖暴富的情况，也可以缓解企业管理者与员工因工资差异过大而造成的矛盾。

期股是一种强制性收益激励和权利安排，对职业经理人和企业经营者有很强的约束性和激励性。适合采用期股激励的企业类型有：具有明确上市计划的非上市企业、经过改制的国有资产控制企业、国有独资企业。

2.股票期权

股票期权又称为选择权,即赋予了激励对象选择的权利,可以选择购买企业股票,也可以选择放弃购买,即股票期权不是义务,而是权利。

股票期权也称"认股权证",是指激励对象在交付了期权费后,在规定的时间内(行权期)以协议约定好的价格(行权价),购买一定数量的本企业的流通股票(行权)。

具体实施方式是:企业向激励对象发放期权证书,并承诺在一定期限内或者协议的条件达成时(如净利率增长率得到保障、开发出新一代产品、实现上市等),激励对象可以以较低的价格购买股权。

实施股票期权激励有四大优势。

(1)保证企业良好增长性。激励对象可以预见到未来的收益,能够更加努力地帮助企业实现目标,从而帮助自己达到可行权的条件。

(2)吸引外部人才。能够将激励对象的利益与企业的长期利益相捆绑,稳定内部人才队伍,也可以强挖外部人才。

(3)降低激励对象的资金压力。在只拥有期权期间激励对象不用付出任何资本,在行权出资时也可以工资担保的形式先行得到股权。

(4)将激励对象的经济风险降到最低。企业将股权以较低价格卖给激励对象,当行权时股价下跌,激励对象可选择放弃,所以损失极小,甚至是零损失。

股票期权的激励模式适用于三类企业:所在行业竞争激烈的企业、成长性良好的企业、人资资本依附性较强的企业。

3.业绩股票

1999年初,福地科技对相关董事、监事和高管人员实施了一项股权激励计划。该项计划规定以年度为时间单位进行一次性奖励,按照税后利润,以1.5%的比例进行提取,其中70%的金额作为对董事和高管的激励,30%的金额作为对监事的激励,发放则采取20%的现金加上80%的福地科技股票的形式。

这种激励模式就是业绩股票,也称为"绩效股份计划"。这是一种非常典型和常见的股票激励模式，通常是在某个时间点企业制定一个合理的业绩目标，在另一个时间点如果激励对象达到了该预定目标，则企业会授予激励对象之前约定好的股票份额，或者提取出一定的奖励基金购买企业股票再授予激励对象。

业绩股票常被用以实现短期关键目标的激励，若约定期满时激励对象未能实现企业预定的目标，则业绩股票不会得到兑现。实际上，这种激励方式并非只适用于短期激励，中长期激励也同样适用。因为业绩股票的流通变现通常有时间和数量的限制，如果事先确定的绩效目标是长期的，比如，三年或五年内达成，则激励对象要在若干年内通过业绩考核，逐步获准兑现规定比例的业绩股票。

无论用以实施短期激励还是中长期激励，都必须了解业绩股票激励模式的优势和缺陷，以便更好地运用。

优势：

（1）作用明显，见效快。业绩是很直观的指标，激励对象更有执行动力，以便早日获益。

（2）约束性强。激励对象很清楚要想获得奖励就要努力实现业绩。

（3）可操作性强。只需股东会/大会通过就能实施，且计算相对简单。

（4）可以持续激励。每一次激励之后，就可以进入第二轮激励，滚动操作。

缺陷：

（1）业绩目标制定易失控。优质有效的业绩目标，必须保证科学性、合理性，但因为各种因素导致不易实现。

（2）激励成本较高。不断地激励会给企业造成现金压力，因此该激励方式并不适合经常使用，而且只适用于业绩稳定、现金流充足、发展前景良好的企业。

4. 延迟支付

这种股权激励形式可以看成企业为激励对象设计的一揽子收入计划，主要针对企业高级管理人员。企业将管理层的部分薪酬（年度奖金、年终分红、前期股权激励收入等）按照当日企业股票的市场价格折算成相应的股票数量，存入企业为管理人员单独设立的延期支付账户中。到达既定的期限或者激励对象退休后，再以企业股票或根据期满时股票市场价格，以等价现金的方式支付给激励对象。也就是说，延迟支付分为四步进行。

第1步：企业提取激励对象的部分薪酬。

第2步：按激励当日股价的市场价格折算为股票数量。

第3步：存入企业为激励对象设定的账户中。

第4步：以期满日（约定期满/退休为期满）股价或等价现金的方式支付。

激励对象在延迟支付中获得的收益主要来自两部分：一是股票自身的价值，二是约定期限内企业股票市场价格增值的部分。

比如，企业赠与激励对象100万股股票，每股价格2元，延迟五年支付，每年可行权20万股。第一年股价上涨到2.2元/股，第二年股价上涨到2.6元/股，第三年股价下跌为2.5元/股，第四年股价上涨到2.8元/股，第五年股价上涨到3元/股。这五年中股价不断变化，企业股价提升，激励对象才能获利更多，否则获利将减少。

可见，延迟支付的股权激励计划让激励对象与企业利益产生关联。因此，该激励方式能使激励对象从企业长远利益出发，避免"短视"。而且，因为部分收益以股票形式授予，具有减税作用，也对激励对象有一定的吸引力。

该类激励方式的缺点也同样清晰，因为二级市场具有不确定性，激励对象无法即刻将股票兑现为现金，所持股具有一定的风险，会让持股人对激励的效果产生怀疑，导致激励效果打折。在激励之初企业可与激励对象签订避险协议，明确如果是市场突发因素或环境不可控因素导致企业利益受损，与激励对象无关，若非不可控环境因素导致企业利益不达标，则可减少或取消延迟支付的收益。

延迟支付是一种有效避免企业经营短期化的激励模式，更适合有着长远目标的上市企业或准上市企业采用。

5. 员工持股计划

员工持股计划也称"员工股票所有权计划",是通过让员工持有本企业一定数量股票和期权的方式,让员工获得长期奖励。

实施这种股权激励模式时,需要由企业内部员工出资认购本企业部分股权,或者股东自愿捐出部分股份无偿授予员工,并委托一家专门机构(如员工持股委员会、信托基金会等)以社团法人的身份托管运作,集中管理,按股份分享红利。这意味着,员工持股委员会应代表持股员工进入企业董事会参与公司的各种表决及分红。

员工持股计划的目的有三个:①将员工个人利益与企业整体利益绑定,形成一种按劳分配与按资分配相结合的新型利益制衡机制;②员工在持股后等于承担了一定的投资风险,有助于唤起员工的风险意识,激发员工对企业长期发展的关注;③员工持股对企业经营有了更多的发言权和监督权,为完善决策、经营、管理、分配、监督机制打下良好基础。

员工持股计划分为杠杆型和非杠杆型两种。杠杆型是利用信托贷款杠杆实现员工对企业股权的收购,非杠杆型是主动的受让行为。

(1)杠杆型员工持股计划。

杠杆就是借助贷款从公司或现有股东手中购买股票,所得利润应先清偿贷款。涉及四个方面:企业、企业股东、员工持股计划信托基金会/员工持股委员会、贷款银行。具体运作流程如下(见图1-1)。

上市公司罗普斯金铝业股份有限公司于2015年8月2日起实施为期两年的员工持股计划,截止日期为2017年8月2日。2016年5月3日,"员工持股计划信托基金会"完成了对公司股票的购买,共9668042股,占公司当时总股本的3.85%。员工所持有的公司股票在购买后发布公告日起的12个月内为锁定期,即2016年5月4日起锁定,2017年5月3日解锁。锁定期满时罗普斯金的股价因市场波动已经低于持股计划实施时的价格,为了不让员工利益受损,公司股东大会决议此次员工持股计划锁定期延期一年。

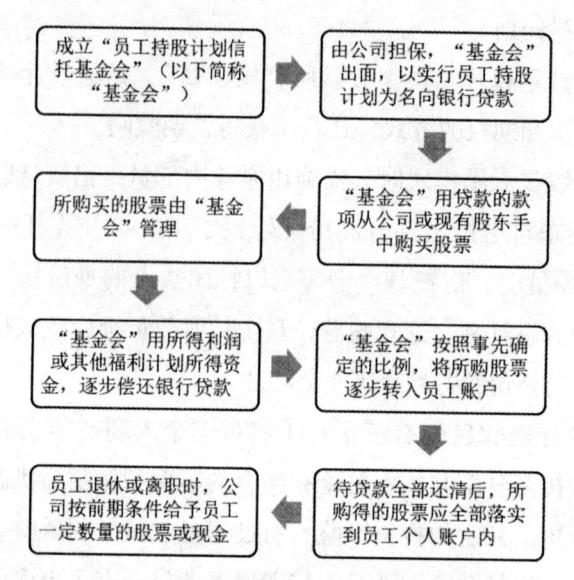

```
┌─────────────────┐      ┌─────────────────┐
│ 成立"员工持股计划信 │      │ 由公司担保,"基金会" │
│ 托基金会"(以下简称 │ ───▶ │ 出面,以实行员工持股 │
│    "基金会")     │      │ 计划为名向银行贷款  │
└─────────────────┘      └─────────────────┘
                                  │
                                  ▼
┌─────────────────┐      ┌─────────────────┐
│ 所购买的股票由"基金 │      │ "基金会"用贷款的款 │
│     会"管理      │ ◀─── │ 项从公司或现有股东手│
│                 │      │     中购买股票    │
└─────────────────┘      └─────────────────┘
        │
        ▼
┌─────────────────┐      ┌─────────────────┐
│ "基金会"用所得利润 │      │ "基金会"按照事先确 │
│ 或其他福利计划所得资│ ───▶ │ 定的比例,将所购股票│
│ 金,逐步偿还银行贷款│      │  逐步转入员工账户  │
└─────────────────┘      └─────────────────┘
                                  │
                                  ▼
┌─────────────────┐      ┌─────────────────┐
│ 员工退休或离职时,公│      │ 待贷款全部还清后,所│
│ 司按前期条件给予员工│ ◀─── │ 购得的股票应全部落实│
│ 一定数量的股票或现金│      │ 到员工个人账户内   │
└─────────────────┘      └─────────────────┘
```

图1-1 "杠杆型员工持股计划"运作流程

因此,上市企业一定要充分预估本企业股票在市场的表现,在基本确保增值的情况下才能实施员工持股计划。

(2)非杠杆型员工持股计划。

非杠杆就是不用借助贷款,企业或实际控制人/高层管理团队每年向"员工持股计划信托基金会"贡献一定数量的公司股票,或者用于购买企业股票的现金。出于对企业股权掌控能力的控制,这部分股票的价值或现金不应超过参与员工持股计划人员工资总额的25%。具体运作流程如下(见图1-2)。

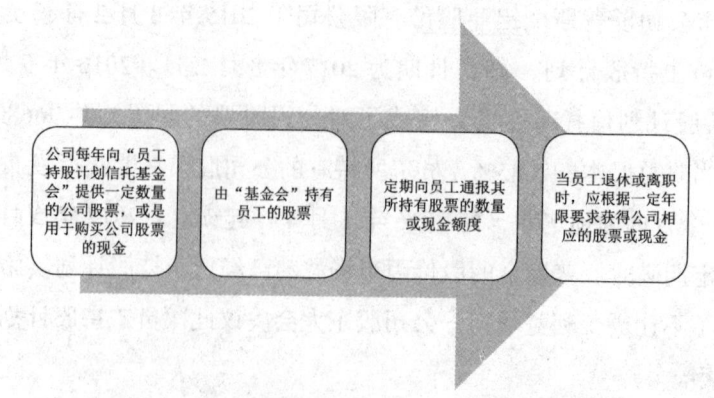

```
┌──────────┐  ┌──────────┐  ┌──────────┐  ┌──────────┐
│公司每年向"员工│  │          │  │定期向员工通报其│  │当员工退休或离职│
│持股计划信托基金│  │由"基金会"持有│  │所持有股票的数量│  │时,应根据一定年│
│会"提供一定数量│  │员工的股票  │  │或现金额度   │  │限要求获得公司相│
│的公司股票,或是│  │          │  │          │  │应的股票或现金 │
│用于购买公司股票│  │          │  │          │  │          │
│的现金     │  │          │  │          │  │          │
└──────────┘  └──────────┘  └──────────┘  └──────────┘
```

图1-2 "非杠杆型员工持股计划"运作流程

例如创业板上市公司三六五网，在2014年11月3日实施员工持股计划。具体方案由该公司四位实际控制人合计拿出360万股公司股票，占控制人实际控制股票的10%。该公司没有成立"员工持股计划信托基金会"和"员工持股委员会"，而是委托"浙江浙商证券资产管理有限公司"来具体管理本次的员工持股计划。

员工持股计划让员工既享有股权收益，又得到利润收益，对员工的激励作用是长久且有力的，因此属于长期股权激励。

员工持股计划同时适用于上市企业和非上市企业，非上市企业必须由股东拿出相应股份作为实施所需的奖励，而上市企业则不需要动用股东的股份。但无论是上市企业，还是非上市企业，想要顺利实施这项股权激励计划，都必须确保企业的良好成长性，保障员工所获得的股票价值能得到提升，持股员工能够获得收益。

6. 账面价值增值权

账面价值增值权是企业以每股净资产的增加值来激励企业高管、董事、技术骨干、特殊人才等，比较适合非上市企业。因为在企业的财务指标中，每股净资产通常是指股东权益与股本总额的比率，以公式表示为：

每股净资产 = 股东权益 ÷ 总股本

所以，账面价值增值权反映的是企业的业绩水准，即每股净资产越高，企业的盈利能力越强，股东享受到的权益越大。

注：这种增值权不是真正意义上的股票，因此激励对象并不具有所有权、表决权和配股权。但这种激励方式却可以有效避免股票市场因素对股价的影响，因为激励对象最终能得到的奖励和股价并不相关。

具体的操作方式有两种：购买型和虚拟型。

（1）购买型：激励对象在激励计划执行之初，按每股净资产值实际购买一定数量的企业股份，到期后再按每股净资产期末值回售给企业。

（2）虚拟型：激励对象在激励计划执行之初，不用实际出资就被企业授予一定数量的名义股份，到期后，企业根据每股净资产的增量和名义股份的数量来计算收益，据此向激励对象支付现金。

例如江苏中盈在2012年实施账面价值增值权激励：公司自2012年开始每年拨出一定比例的税后利润作为企业实施期权激励计划的资金来源。此次激励对象为公司高管、技术骨干、其他业务精英。此次股权激励的授予总额为公司注册资本的10%，即100万股。行权价格以2012年的每股净资产为基准，计算后得出每股净资产为2元，所以行权价格确定为2元。行权时间自2012年起到2014年止，每年的行权比例为3：3：4。

在股票期权的模式下，如果期权的授予价格是按照股票的每股净资产，而不是按照股票的二级市场价格，同时行权时期的行权价格是按照当时的每股净资产，也不是按照二级市场价格，股票期权模式在实质上就成了账面价值增值权模式。

正是因为以每股净资产作为参照价格，而一家企业的每股净资产的增加幅度通常很有限，无法充分利用资本市场的放大作用来提升激励价值。所以，这种激励模式更适合那些现金流量比较充裕、股价相对稳定的非上市企业或上市企业。

注意：账面价值增值权是不能流通、转让和继承的，员工离开后将会失去其权益，因此该激励模式有利于稳定员工队伍。

7.限制性股票计划

虽然每一种股权激励模式都需要一定的条件作为约束，但限制性股权激励的条件更为精准和具有力度，是一种对激励对象很有管控作用的股权激励方式。

所谓"限制性"是指对激励对象的两类限制：一类是工作年限，另一类是企业业绩。

限制性股票的应用是企业按照预先确定的条件，授予激励对象一定数量的企业股票，但激励对象不得在股权激励计划中规定的条件满足前处置股票，只有在规定的工作年限达到后或完成特定业绩目标后，方可出售企业授予的限制性股票，从中实现获益。

如果激励对象未能满足激励条件，则企业有权将免费授予的限制性股票直接收回，或以激励对象购买时的价格进行回购。

对于上市企业和非上市企业来说，这种股权激励方式叫作"限制性股票"或"限制性股份"。在我国，企业在授予限制性股票时，须遵守《上市公司股权激励管理办法》的规定，因此上市企业在设计限制性股票激励方案时，对获得的条件只能局限于企业的相关财务指标和数据。《上市公司股权激励管理办法》还规定了实施限制性股票激励时应当设置具体的禁限售期，上市企业需根据自身需求设定禁售年限和其他条件。因此，实施限制性股票计划时需要注意以下四个环节。

（1）授予日：正式授予激励对象股票的日期，前提是激励对象需达到激励计划规定的条件。

（2）禁售期：激励对象在获得限制性股票后，不得通过二级市场或其他形式对这些限制性股票进行转让的期限（根据相关规定，禁售期不得低于1年）。

（3）解锁期：解锁期内只有公司业绩达到激励计划中规定的条件后，持有限制性股票的激励对象方可按照要求分期解锁，出售这部分股票。

（4）纳税：实际解锁之日为限制性股票所得的纳税义务发生之时，按限制性股票对应的二级市场的股票价格，计算个人所得税。

例如某公司在"新三板"挂牌后，决定执行限制性股票激励计划。在计划中，该公司决定以定向发行的方式授予激励对象150万股限制性股票，占公司总股本的9.26%。其中，首次授予100万股，预留出50万股于首次授予日后的24个月内再次授予。

限制性股票的限制条件很明确，从激励计划实施开始后的3年中，每年归属于母公司的扣除非经常性损益后的净利润收入分别不能少于500万元、800万元、1200万元，而限制性股票接触限制的比例均为30%。也就是说，该公司的限制性股票的解锁期分别为12个月、24个月、36个月，净利润必须对应为500万元、800万元、1200万元。

在实施限制性股票激励时，必须有十分明确的条件，除有时间限制外，还要有业绩限制，只有达到了全部条件后，激励对象才能行权。

8. 干股

如果将干股的"干"字，理解为"干货"的意思，对于干股就容易理解了，就是能够享受到分红权的股份，激励对象如果拿到了企业干股，就会得到应有的分红收益，但也仅限于分红而已，没有其他权益，这种股份的持有者在企业被称为"干股股东"。

干股一般用作企业创始人的酬劳，或者用于赠送企业的骨干人员，或者用以吸纳对企业至关重要的人才资源。因此，纯粹意义上的干股是不存在的，是企业出于某种目的无偿赠送给激励对象的股份。但赠送干股需经企业董事会同意，因为它涉及股东权益。综上所述，干股具有如下几项特点。

（1）协议取得，无偿赠与，而非出资购得。

（2）以有效的赠与协议决定干股的取得和存在。

（3）干股股东资格的确认完全以赠股协议为准。

（4）干股受到无偿赠与协议制约，协议的内容在章程中体现。

（5）赠股协议若被撤销、解除或失效，则干股股东自动失去股东资格。

（6）干股股东具备哪些权利和义务，以赠股协议规定为准。

干股可能因为个人技术能力获得，可能因为个人销售能力获得，可能因为个人经管能力获得，也可能因为其他原因获得。无论是哪一种原因，干股的取得只能是三种形式。

（1）是企业部分股东或全体股东对非股东的赠与。

（2）是在企业初创期间取得，或在企业存续期间取得。

（3）是附加条件中的股份赠与，或是未附加条件的独立股份赠与。

某公司的业务经理因为带团队能力出色，被公司奖励5%的干股分红，每年年底领取。2020年该公司用于分红的金额是220万元，该业务经理凭借5%的干股获得22万元奖励。但是，干股股份不能转让或带走，激励对象若因个人原因辞职，干股股份会自动取消。激励对象想要长期享有干股分红，就必须长期服务于公司。

因此，干股有着很明显的调动激励对象工作积极性的作用，初创企业为留住人才，多会采取这种激励模式。授予干股股份的比例必须科学设计，不能影响到企业正常运营。如果所赠干股超过企业实收资本所出，就会形成"掺水股"，使企业股价和每股收益减少。而且，赠送干股对当下股东的利益也有不小的影响，只有对企业发展或整体利益有明显好处时，股东们才愿意牺牲个人利益。

9. 虚拟股票

虚拟股票不是真正的股票，是企业授予激励对象的一种虚拟的"股票"。这类"股票"不在企业股票总量以内，因此又称为"红利股"。但在企业内部根据规章协议规定，虚拟股票同实际股票享有同样的收益权，即在企业实现了业绩目标后，激励对象可凭虚拟股票享受分红权和股价升值收益，但没有表决权和所有权，更不能转让和出售。在持有者离开企业后，虚拟股票会自动失效。

实施虚拟股票激励，不影响企业总资本和股权架构。在企业实现既定目标后，激励对象就能得到分红权。企业业绩越好，激励对象的收益越多。这种虚拟形式有助于避开因市场不确定因素造成的股票价值贬值，对股票持有者是利好。

但是，激励对象出于对获得分红的考虑，会更多关注企业的短期利益。并且在企业业绩达到以后，是必须要兑现分红承诺的，可以用现金形式，也可以用等值股票（实际股票）形式，还可以用"现金+等值股票"（实际股票）的形式兑现，因而会导致企业短时间内承受相当大的支付压力。

综合可知，虚拟股票更适合现金流量比较充裕的企业。虚拟股票是一种利益驱动下的红利政策，没有丢失企业决策权的风险，且在实施过程中无须员工实际出资购买，对员工无压力，只要努力达到业绩目标就可获得收益。所以，这种形式的激励对企业和员工是双赢的，只要企业现金流充足就可以实施。

比如，某销售公司在内部试行"虚拟股份赠予与持有"激励计划，授予对象主要为公司高级管理人员和业务骨干。具体方式是：按规定每年给激励对象奖励基金，但并不实际授予，而是兑换为公司虚拟股份授予激励对象持有，再在规定期限内按照公司的股份价格以现金形式分期兑现。执行流程见图1-3。

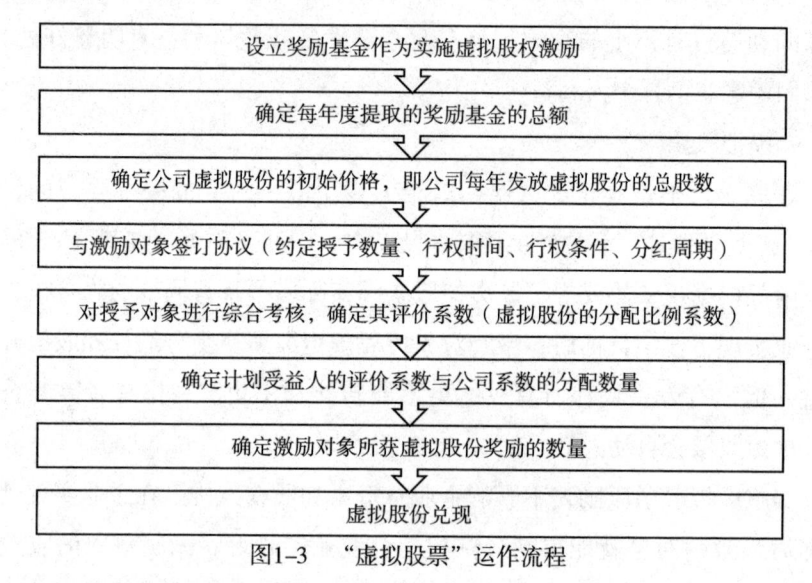

```
设立奖励基金作为实施虚拟股权激励
          ↓
确定每年度提取的奖励基金的总额
          ↓
确定公司虚拟股份的初始价格，即公司每年发放虚拟股份的总股数
          ↓
与激励对象签订协议（约定授予数量、行权时间、行权条件、分红周期）
          ↓
对授予对象进行综合考核，确定其评价系数（虚拟股份的分配比例系数）
          ↓
确定计划受益人的评价系数与公司系数的分配数量
          ↓
确定激励对象所获虚拟股份奖励的数量
          ↓
虚拟股份兑现
```

图1-3 "虚拟股票"运作流程

被激励对象在被授予并持有虚拟股份的规定期限内，逐步将所持虚拟股份转换为现金予以兑现，转换价格以企业当时的真实股价为基础。虚拟股票因为会给企业造成现金压力，因此并不适合现金流不充足的企业，必须要在实施激励之前对企业现金储备有充分的了解。

10. 股票增值权

所谓"增值权"，是从初期企业授予激励对象股票开始，到期末企业股票增值的部分。计算方式是：

期末企业股票市值-期初约定价格 = 期末企业股票增值部分

有了对增值权概念的了解，再进一步了解股票增值权，这是企业授予激励对象的一种权利。激励对象不需要实际购买本企业股票，而是由企业按照激励标准将一定比例的企业股票增值权授予激励对象，相当于激励对象通过模拟股票认股权的方式获得。因此授予股票增值权不是让激励对象真正拥有企业股票，而是只拥有增值权，不拥有企业的表决权、配股权、分红权。

行权时需按照授予日净资产值为虚拟的行权价格,在规定时段内根据激励对象持有的股票增值权份额,计算出所对应的净资产的增加额度,获得由企业支付的行权收入(现金或相应金额的股票)。计算公式如下:

激励对象所得的激励金额＝期末企业股票增值部分 × 企业授予个人的股票增值权份额

如行权期内企业股价上升(企业授予的股票增值权的股份价格高于授予日净资产),激励对象可选择兑现权利,获得股价升值带来的收益。如行权期内企业股价下跌(企业授予的股票增值权的股份价格低于授予日净资产),激励对象就自动失去激励资格,可以进入下一轮激励周期(见图1-4)。

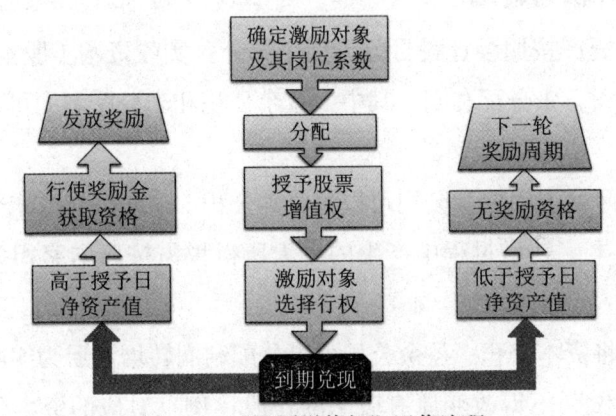

图1-4 "股票增值权"运作流程

在我国,直接应用股票增值权的企业并不多,而运用账面价值增值权的模式较多。但仍不乏有经营良好的企业运用该模式,但几乎都是上市企业。

2000年10月,中石化在香港上市发行H股,同时集团内部对480名高级管理人员实施股票增值权激励计划。股票增值权的数量为2.517亿H股,行权价设定为H股IPO上市价(1.61港元)。激励计划期限为五年,三年后即可行权。其中,第三年和第四年的行权比例均为30%(即激励对象被授予股票增值权数量的30%),第五年的行权比例则是40%。

中石化这次股权激励是成功的,到第三年(2003年10月)时,股价达到了3港元左右,到第五年时则逼近4港元。中石化按照当时港股价格减去当初设定的1.61港元,然后按照比例授予激励对象现金奖励。有意愿继续持有公司股票的,中石化将激励对象的个人所得折合成相应的中石化港股股份进行授予。

总之,股票增值权是一种因企业业绩提升带动企业股价上涨,进而带来利润收益的股权激励方式。上市企业在进行此种股权激励模式时,必须考虑企业盈利能力和股价波动等因素。非上市公司因为难以进行合理的估值,股票价格也难以准确确定,所以通常只有即将上市的企业才会采取股票增值权进行股权激励。

1.2.4 公积与转增

公司净资产按照会计科目分为四个部分:实收资本(股本)、资本公积、盈余公积、未分配利润。其中,盈余公积和未分配利润可统称为"留存收益"。

根据实际情况需要,公司可以将资本公积、盈余公积或未分配利润转增为实收资本,转增过程中产生的个人所得税需按照国家相关法律法规执行。

在公司将资本公积、盈余公积、未分配利润转增注册为实收资本的过程中,必须做到不得改变原有股东的持股比例。对应的资本公积、盈余公积和未分配利润减少,实收资本增加,对应的每股净资产和每股收益降低。

2006年3月1日,河北养元智汇饮品股份有限公司召开股东会,会议审议通过增资249.05万元,将注册资本增加至349.05万元。

此次增资为全体股东同比例增资,增资价格为每1元实收资本1元,增资方式为资本公积转增资本与货币出资相结合(其中资本公积209.49万元,货币资金39.56万元)。用以转增资本的209.49万元资本公积的来源为2005年12月29日国有产权转让时,与转让价格309.49万元对应的公司净资产 309.49 万元超过实收资本 100 万元的部分，由河北养元智汇饮品有限公司占用的 23599.9 平方米划拨国有土地使用权在此次国有产权转让时经评估作价以出让方式处置形成；用以增资的 39.56 万元货币资金的来源为公司 58 名股东认购国有产权时，准备的全部资金中支付完转让价款 309.49 万元后剩余的、暂存于公司账户的部分，其均为该等股东个人财产。

2006 年 3 月 14 日，河北天成会计师事务所有限责任公司出具《验资报告》，验证此次增资到位。三天后，衡水市工商行政管理局为河北养元智汇饮品股份有限公司颁发新的《企业法人营业执照》，公司注册资本变更为 349.05 万元。

1.2.5 强制执行

《公司法》第七十二条规定："人民法院依照法律规定的强制执行程序转让股东的股权时，应当通知公司及全体股东，其他股东在同等条件下有优先购买权。其他股东自人民法院通知之日起满二十日不行使优先购买权的，视为放弃优先购买权。"

因为股份有限公司可以自由转让股份，所以本规定是针对有限责任公司设置的，需要事先通知公司其他股东，在同等条件下其他股东享有优先购买权，当其他股东主动放弃或期满放弃优先购买权后，方可将强制执行的股权转让给他人。

ST 长信于 2009 年 10 月 15 日公布《详式权益变动报告书》，主要内容有以下几个方面。

1. 信息披露义务人持有、控制上市公司股份的情况

本次权益变动前，陕西华汉实业集团有限公司（以下简称华汉实业）未持有 ST 长信股票。

本次权益变动完成后，华汉实业持有 677.1743 万股 ST 长信 A 股股票，占总股本的 7.75%，华汉实业成为 ST 长信的第一大股东。

2. 本次股权法院审理情况

（1）本次权益变动方式为：法院司法裁定，强制执行股权过户。

（2）本次司法裁决的法院为：陕西省西安市中级人民法院（以下简称西安中院）。

（3）本次司法裁决日期为：2009年9月27日。

（4）案由：西安中院执行的中国工商银行股份有限公司西安经济技术开发区支行（以下简称工商银行西安经开区支行）申请执行西安万杰长信医疗发展有限公司（以下简称万杰长信）、西安万鼎实业（集团）有限公司（以下简称万鼎实业）、万杰集团有限责任公司偿还借款一案。执行中，西安中院依法冻结了被执行人万鼎实业持有的ST长信677.1743万股限售流通股。

（5）法院裁定书主要内容：申请执行人工商银行西安经开区支行与被执行人万杰长信、万鼎实业及第三人华汉实业达成《和解协议书》。

协议规定：万鼎实业同意将其持有的上述ST长信股权过户至华汉实业名下，用以抵偿华汉实业6050万元债务，华汉实业代万鼎实业偿还所欠工商银行西安经开区支行债务中的1050万元。

3. 本次股权受让情况

（1）华汉实业已按《和解协议书》约定完成履行还款义务，现华汉实业、万鼎实业向西安中院申请将上述股权由万鼎实业名下过户至华汉实业名下。

（2）工商银行西安经开区支行向本院提交申请，请求对上述股权解除冻结。

4. 本次股权法院裁定情况

西安中院作出裁决：

（1）解除对西安万鼎实业（集团）有限公司持有的ST长信677.1743万股限售流通股的冻结。

（2）将西安万鼎实业（集团）有限公司持有的ST长信677.1743万股限售流通股过户至陕西华汉实业集团有限公司名下。

1.2.6 赠与

赠与是基于赠与方与受赠方之间一种不涉及交易的自愿行为，只要赠与人具有完全民事行为能力，且是根据自己的真实意愿执行，受赠人表示接受赠与并在合法操作的基础上接受赠与，赠与行为就是有效的。

股权赠与就是赠与人将自己的股权无偿地赠与受赠人，通过这种方式实现财产所有权转移。股权赠与通常会通过法律程序来完成，如签订相应的书面赠与合同等。通过继承或赠与获得股权都无须付出成本或者对价，只需按照涉及的税收法律法规缴纳相应的税费。

如果涉及有限公司，依然会受制于公司章程的特殊约定。

此外，出于特殊目的的需要，股权转让可能会出现0元对价的情况，虽然是无成本获得股权，但该种获得方式与赠与并不属于同一种类型，股权转让属于双务合同，赠与属于单务合同。

2002年7月，A、B、C共同出资成立安邦公司，注册资金100万元。其中，A出资80万元，B出资15万元，C出资5万元，分别占出资总额的80%、15%、5%。A担任法定代表人。

安邦公司章程中关于股东转让出资规定："股东转让出资由股东会讨论通过；股东向股东以外的人转让其出资时，必须经全体股东过半数同意；不同意转让的股东应当购买该转让的出资，假如不购买该转让的出资，视为同意转让。"

2003年10月，D加盟安邦公司，担任副总经理兼总工程师。鉴于D对公司的突出贡献，A与D在2006年5月24日签订了《股权转让协议》，约定："安邦公司股东A同意将所持股份25万元无偿转让给D。D同意接受，并以其出资额为限对公司承担责任。"

该《股权转让协议》签订后，因安邦公司迟迟未办理工商登记变更手续，D于2007年7月向昌平区人民法院起诉，要求安邦公司办理工商登记变更手续。

法院在审理期间获知，A单方面撤销同D签订的《股权转让协议》，并以25万元的价格将该部分股权转让给该公司另一位股东——其妻B。具体操作过程可划分为四个步骤。

步骤1：甲方A与乙方B于2006年12月20日签订《股权转让协议》，约定："甲乙双方经平等协商，达成如下协议：1.甲方撤销对D安邦公司25%股权的转让，将该部分股权转让给乙方；2.转让价款为人民币25万元，由乙方在本协议生效后15日内支付甲方。"

步骤2：2007年1月，B支付A股权转让款16万元。

步骤3：2007年9月（D向法院起诉后），A向D发出《关于撤销股权赠与的通知》，其内容为"2006年5月24日我与您签订的《股权转让协议》，将我在安邦公司所持股份25万元无偿转让给您，对于该赠与行为我早在2006年12月15日就已口头告知您予以撤销。现再次向您发出书面撤销通知"。

步骤4：应安邦公司的申请，公证处对A向D寄送上述通知一事进行了公证。

在该案件审理期间，B于2007年10月向昌平区人民法院提起诉讼，请求确认A与D的股权转让行为无效。一审法院认为A与D签订的《股权转让协议》违反了《公司法》的强制性规定及安邦公司章程的规定，判决A与D于2006年5月24日签订的《股权转让协议》无效。

一审判决后，D向北京市第一中级人民法院上诉。法院认为，A作为安邦公司股东，依法享有股权。A与D签订的《股权转让协议》是双方真实意思表示，股权转让合同成立。《公司法》对股东向非股东转让股权设置了一定的程序性限制条件。A在向D转让股权时未完成上述法律规定和公司章程约定的程序性条件，股权转让协议未生效。2008年6月，北京市第一中级人民法院判决，撤销该案一审判决，驳回B的诉讼请求。但需注意，虽然B的诉讼请求未被支持，即A与D的股权转让行为有效，A与D签订的股权转让协议成立，但协议本身并未生效。D胜诉却依然挽不回局面。

回到D起诉的案件：鉴于情况变化，D将原"要求安邦公司办理工商登记变更手续"的诉求变更为"依据《中华人民共和国合同法》（本法于

2021年1月1日起废止,以下简称《合同法》)第一百一十三条之规定,求判令A赔偿D经济损失25万元;诉讼费由A承担。"

(《合同法》第一百一十三条规定:"当事人一方不履行合同义务或者履行合同义务不符合约定,给对方造成损失的,损失赔偿额应当相当于因违约所造成的损失,包括合同履行后可以获得的利益,但不得超过违反合同一方订立合同时预见到或者应当预见到的因违反合同可能造成的损失。经营者对消费者提供商品或者服务有欺诈行为的,依照《中华人民共和国消费者权益保护法》的规定承担损害赔偿责任。")

A在一审中请求法院驳回D的诉讼请求。辩诉理由:A当初对D的股权转让系单方无偿赠与行为,A有权在未完成转移之前撤销赠与而不必承担任何责任;股权转让未能完成,是因为不具备法律规定的转让条件,而非A的过错或故意为之,因此A没有理由承担赔偿责任;股权转让未能完成并未给D造成任何损失,其索赔缺乏事实依据;在A与D签署的《股权转让协议》中,没有关于违约赔偿的约定,D的索赔没有法律依据。

一审法院判决结果:

1. A为安邦公司股东,依法享有股权。A与D签订的《股权转让协议》是双方真实意思表示,股权转让合同已经成立。

2. 根据《公司法》第七十一条第二款的规定:"股东向股东以外的人转让股权,应当经其他股东过半数同意。股东应就其股权转让事项书面通知其他股东征求同意,其他股东自接到书面通知之日起满三十日未答复的,视为同意转让。其他股东半数以上不同意转让的,不同意的股东应当购买该转让的股权;不购买的,视为同意转让。"该规定表明《公司法》对股东向非股东转让股权设置了一定的程序性限制条件。A在向D转让股权时未完成上述法律规定的程序性条件,股权转让协议未生效。依据《公司法》第七十二条、《合同法》第一百八十六条第一款、《中华人民共和国民事诉讼法》(以下简称《民事诉讼法》)第六十四条第一款之规定,判决驳回D的诉讼请求。

(《合同法》第七十二条规定:"人民法院依照法律规定的强制执行程

序转让股东的股权时,应当通知公司及全体股东,其他股东在同等条件下有优先购买权。其他股东自人民法院通知之日起满二十日不行使优先购买权的,视为放弃优先购买权。")

(《合同法》第一百八十六条第一款规定:"赠与人在赠与财产的权利转移之前可以撤销赠与。")

(《民事诉讼法》第六十四条第一款规定:"当事人对自己提出的主张,有责任提供证据。")

D不服一审判决,向北京市第一中级人民法院提起上诉。上诉理由:一审判决认为《股权转让协议》是单务性无偿赠与合同是错误的,D已为获得股权支付了对价;《股权转让协议》依法成立,A没有履行义务,故意违反约定,应承担违约责任;《股权转让协议》已经公司股东过半数同意,A和D的意思表示真实,对双方具有法律约束力;A的撤销权已丧失。据此请求人民法院判决支持D的诉讼请求。

A表示听从一审法院判决,其答辩理由为:A对D的股权转让是一种赠与行为,D称其为获得股权而支付了对价没有事实依据;《股权转让协议》已经另案终审判决确认为成立未生效,因此不存在违约问题,对双方当事人亦不具有约束力;A并未丧失撤销权。据此请求人民法院维持一审判决。

北京市第一中级人民法院判决结果:

1. 上诉人D与被上诉人A签订的《股权转让协议》,虽系双方当事人真实意思表示,但因违反了《公司法》关于股东向非股东转让股权设置的程序性限制条件而被另案判决确认为合同成立但尚未生效,中院对此不持异议。

2. A与D签订《股权转让协议》,将A持有安邦公司股权无偿转让给D,D未举证证实其就获得股权已支付了相应对价,由此人民法院认定A向D转让股权的性质属无偿赠与,故对D关于"一审判决认定《股权转让协议》是单务性无偿赠与合同错误"的上诉意见,不予支持。

3.《合同法》规定赠与人在赠与财产的权利转移之前可以撤销赠与,

因此A并未丧失撤销权,在赠与人撤销赠与后,无须再履行合同义务,A亦无须承担违约责任,故对D所称"A已丧失撤销权并因A不履行合同义务而应承担违约责任"的上诉意见,亦不予支持。

4. D要求A赔偿其经济损失25万元,因D未能举证证明其因A撤销股权转让以及未转让股权而遭受经济损失,故对其上述诉讼请求,亦不予支持。

综上,D的上诉理由均不能成立,对其上诉请求人民法院不予支持。一审判决认定事实清楚,适用法律准确,处理结果并无不当,故判决驳回上诉,维持原判。

1.2.7 继承

《公司法》第七十五条规定:"自然人股东死亡后,其合法继承人可以继承股东资格;但是,公司章程另有规定的除外。"

本条款包括两层含义:

(1)自然人死亡之后,其合法继承人不仅可以继承其财产,还可以继承其股东资格;

(2)公司章程的执行优先性高于《公司法》,因此公司章程可以做出特殊限制,排除限制条件内的股东继承人对股东资格的继承。

之所以公司章程具有优先执行性,是因为有限责任公司具有人合性(基于股东之间的相互信任而存在)和资合性(基于股东之间的资本关系而存在)。因此,若仅以《公司法》第七十五条之规定,极易导致四种不利于企业经营的状况:①新老股东之间由于意见不合而产生矛盾或纠纷;②老股东之间可能会对股东继承人的继承有不同意见;③合法继承人的人数较多,突破《公司法》对公司股东人数的限制;④其他一些不确定影响。

其中,股份有限公司是资合性公司,不存在股份继承的障碍,因此《公司法》并未对股份有限公司的股份继承问题做出特殊规定,即股份有限公司的股份继承是当然继承。

2001年12月7日，刘成功、刘成洪、刘成立三人共同出资组建衢州三成照明电器有限公司（以下简称三成公司），注册资本191万元，刘成功任法定代表人。2003年9月3日，刘成洪不幸中毒身亡。刘金龙和蒋翠菊系刘成功、刘成洪的父母。徐惠梅系刘成洪的妻子，刘纪展系刘成洪与徐惠梅的儿子。

在几经协调关于刘成洪的股份无法达成协议后，2005年8月1日，徐惠梅、刘纪展向衢州市中级人民法院提起诉讼，请求判令确认徐惠梅、刘纪展为三成公司股东并受偿股份出资额。

本案当事人争议的焦点是：徐惠梅与刘纪展是否有资格继承刘成洪在三成公司的股东资格及取得刘成洪在三成公司的出资额。

衢州市中级人民法院审理认为：

1. 确定刘成洪生前系三成公司的股东，占该公司26.58%的出资额。徐惠梅与刘成洪系合法夫妻关系，刘成洪在三成公司的出资额应属于夫妻共同财产，应由刘成洪与徐惠梅各半享有13.29%。刘成洪的出资额在分割夫妻共同财产后余下的13.29%应由刘金龙、蒋翠菊、徐惠梅、刘纪展平均继承。据此，刘成洪在三成公司的出资额由徐惠梅享有16.6125%，刘纪展享有3.3225%，刘金龙享有3.3225%，蒋翠梅享有3.3225%。

2. 徐惠梅、刘纪展继承了刘成洪的出资，即享有对出资的占有、使用、受益、处分的权利，也即具有三成公司的股东资格。

3. 徐惠梅占三成公司16.6125%的出资额，刘纪展占三成公司3.3225%的出资额。

三成公司不服判决，向浙江省高级人民法院提起上诉。浙江省高级人民法院对原审查明的事实予以确认，另查明：①三成公司章程对公司股东死亡后的股份继承问题未做约定；②刘成洪生前与刘成功之间没有关于刘成洪为三成公司名义股东的书面约定。

浙江省高级人民法院判决：确认徐惠梅、刘纪展为三成公司的股东，其中徐惠梅享有三成公司16.6125%的股份，刘纪展享有三成公司3.3225%的股份。

1.3 解读股权的载体

公司等于企业吗？法人等于法定代表人吗？公司的形式和种类有哪些？常见的有限责任公司和股份有限公司的区别是什么？有限合伙企业又是什么？将在本节厘清这些概念。

1.3.1 企业不等于公司

根据《公司法》相关规定，公司是依照本法在中国境内设立的有限责任公司和股份有限公司。

公司是企业的法人，有独立的法人财产，享有法人财产权，企业以其全部财产对公司的债务承担责任。因此，公司是企业的一种组织形式。

还有一种非法人组织大量存在于我国的组织形式中，包括个人独资企业、合伙企业、不具有法人资格的专业服务机构等。这些组织虽不具有法人资格，但能依法以自己的名义从事民事活动。其中，个人独资企业和合伙企业等非公司制企业在税收处理等方面具有一些优势，因此普遍存在。企业的概念就是这样的非法人组织和公司共同组成的。公司只是企业的一部分，即公司一定是企业，但企业不一定是公司。

企业与法人的关系也并非一一对应，一部分企业是法人，如有限责任公司、股份有限公司等；一部分企业不是法人，如合伙企业、个人独资企业等。

1.3.2 公司的形式

从《公司法》的规定得知，我们对于公司的认可形式有两种：一种为有限责任公司，另一种为股份有限公司。其中，一人有限责任公司、国有独资公司属于有限责任公司范畴，上市公司、非上市公众公司属于股份有限公司范畴。

1. 有限责任公司

有限责任公司简称"有限公司",指由五十个(含)以下股东出资设立,每个股东以其所认缴的出资额为限,对公司承担有限责任,法人以其全部资产对公司债务承担全部责任。

(1)一人有限责任公司,是指股东只有一人,并由该股东持有公司全部出资的有限公司。一人股东可以是自然人,也可以是法人。一个自然人只能设立一个有限责任公司,这种性质的一人有限责任公司也不能投资设立新的一人有限责任公司。一人有限责任公司章程由股东制定,公司不设股东会。

(2)国有独资公司,是指由国家单独出资、由国务院或地方人民政府授权本级人民政府国有资产监督管理机构履行出资人职责的有限责任公司。鉴于国有独资公司出资人的特殊性,实施由国有资产监督管理机构履行出资人或股东的义务。因此,国有独资公司是一种特殊的有限责任公司。

2. 股份有限公司

股份有限公司简称"股份公司",指由两人(含)以上至两百人(含)以下为发起人,资本为股份所组成的公司,股东以其认购的股份为限对公司承担责任。

(1)非上市公众公司。《非上市公众公司监督管理办法》(2019年修正)第二条规定:"非上市公众公司是指有下列情形之一且其股票未在证券交易所上市交易的股份有限公司:(一)股票向特定对象发行或者转让导致股东累计超过200人;(二)股票公开转让。"

非上市公众公司通常指"全国中小企业股份转让系统"("新三板")挂牌公开转让的股份有限公司。非上市公众公司需要在指定的证券交易场所披露相关信息,因此须遵守《公司法》、《中华人民共和国证券法》(2014年修正)(以下简称《证券法》)以及相关法律、法规、规范性文件的规定。

(2)上市公司,是指公司所发行的股票经过有关主管部门批准在证券交易所公开上市交易的股份有限公司。上市公司发行的股票要在证券交易所公开交易，因此须遵守《公司法》《证券法》以及相关法律、法规、规范性文件的规定。

1.3.3 公司的分类

公司可分为有限责任公司和股份有限公司两种形式，但公司还具有以下几种分类，对公司的经营发展起着积极作用。

1. 母公司与子公司

按照公司之间的股权、股份控制或从属关系，将公司分为母公司和子公司两种方式。《公司法》第十四条第二款规定："公司可以设立子公司，子公司具有法人资格，依法独立承担民事责任。"

拥有另一个公司一定比例股权或股份，并能控制另一个公司的公司称为"母公司"，也称"控股公司"。

相对地，被另一个公司拥有一定比例的股权或股份，并被另一个公司控制的公司称为"子公司"，也称"被控股公司"。

母公司与子公司之间的关系如下。

（1）母公司拥有对子公司重大事项的决策权。

（2）母公司对子公司的控制程度以对子公司拥有的股权或股份比例决定。

（3）母公司和子公司是具有重要关联关系的独立法人。

2. 分公司

《公司法》第十四条第一款规定："公司可以设立分公司。设立分公司，应当向公司登记机关申请登记，领取营业执照。分公司不具有法人资格，其民事责任由公司承担。"因此，分公司实质上不能称为公司，只是总公司下属的一个业务经营机构。

分公司具有以下两个特征。

（1）分公司没有独立法人地位和资格，分公司的名称不具有独立性，分公司也没有独立的公司章程，分公司与总公司是隶属关系。

（2）分公司没有独立的财产，其占有、使用和经营的财产作为总公司的财产而计入总公司的资产负债表中。

3. 公司集团

公司集团是指在一个具有法人地位的集团公司的统一管理之下，由若干个企业或公司组成的经营联合体。因此，公司集团不是法律上的实体，不具有法人资格。

处于整个公司集团投资中心、管理中心、决策中心以及控制地位的是集团公司。被控制的企业是集团公司的从属企业，可以是股权或股份控制，也可以是非股权或股份关系的投资、协议或其他方式的控制。

4. 关联公司

关联公司是指两个以上公司彼此之间存在直接或间接控制关系，以及可能导致公司利益转移的其他关系（业务关系、项目合作等）公司。在公司集团中，集团公司与从属公司、从属公司与从属公司之间往往都是关联公司。

1.3.4 法人与法定代表人的区别

法人与法定代表人是不同的。

1. 法人

"法人"不是自然人，只是法律上的人，是具有民事权利能力和民事行为能力，依法独立享有民事权利和承担民事义务的组织。因此，法人是组织或机构，是没有自主意识的。

法人的民事权利能力和民事行为能力，自法人成立时产生，到法人终止时消灭。在存续期间，法人以其全部财产独立承担民事责任。

法人应当具备的条件：①依法成立；②有必要的财产或者经费；③有自己的名称、组织机构和场所；④能够独立承担民事责任。

2. 法定代表人

法定代表人是自然人，即大自然中的人类，是具体存在、有自主意识的。依照法律或者法人章程的规定，代表法人从事民事活动和行使职权的负责人，为法人的法定代表人。

因此，法定代表人以法人名义从事的民事活动或因执行职务造成他人损害的，由法人承担民事责任。法人承担民事责任后，依照法律或者法人章程的规定，再向有过错的法定代表人进行追偿。

《公司法》第七条第二款规定："公司营业执照应当载明公司的名称、住所、注册资本、经营范围、法定代表人姓名等事项。"

《公司法》第十三条规定："公司法定代表人依照公司章程的规定，由董事长、执行董事或者经理担任，并依法登记。公司法定代表人变更，应当办理变更登记。"

3. 法人与法定代表人的关系

法人和法定代表人不是一一对应关系，一个法人有且只有一个法定代表人，但一个自然人可以在多家法人担任法定代表人。

1.3.5 有限责任公司与股份有限公司的区别

《公司法》第八条规定："依照本法设立的有限责任公司，必须在公司名称中标明有限责任公司或者有限公司字样。依照本法设立的股份有限公司，必须在公司名称中标明股份有限公司或者股份公司字样。"

作为两种不同的公司组织形式，有限责任公司和股份有限公司存在很大差异。对于两种公司性质的认识，有助于企业经营者在不同阶段对公司类型做出合理的选择。

有限责任公司与股份有限公司的差异主要体现在三个层面：成立阶段的差异（见表1-3）、组织机构设置的差异（见表1-4）、股权转让过程的差异（见图1-5）。

表1-3 有限责任公司与股份有限公司成立阶段的差异

项目	有限责任公司	股份有限公司
设立方式差异	只能以发起方式设立，公司资本只能由发起人认缴，不得向社会公开募集	既可以发起设立，也可以募集设立，即由发起人认缴公司设立发行的一部分股份，其余股份向社会公开募集或向特定对象募集

续表

项目	有限责任公司	股份有限公司
股东人数差异	股东人数为五十人（含）以下，并允许设立一人有限公司和国有独资公司	有两人以上两百人（含）以下为发起人，其中须有半数以上发起人在中国境内有住所
股东出资形式差异	出资形式为出资证明书（为记名方式），股东以实际出资金额或出资比例行使股权	股份有限公司的资本划分为股份，每股金额相等。股票是公司签发的证明股东所持股份的凭证。股票比出资证明书更易于发行或转让 股票采用纸面形式或国务院证券监督管理机构规定的其他形式，但上市公司的股票一般为无纸化形式
注册资本最低限制差异	《公司法》取消了对有限责任公司最低注册资本额的要求，也取消了对于缴纳出资的法定期限要求	《公司法》取消了对股份有限公司最低注册资本额的要求。但对上市公司最低注册资本额的要求以《证券法》第五十条之条件（二）为准："股份有限公司申请股票上市，应当符合下列条件：（二）公司股本总额不少于人民币三千万元。"
	《证券法》《中华人民共和国保险法》《中华人民共和国商业银行法》分别对证券公司、保险公司、商业银行有特殊注册资本要求，而且要求注册时必须实缴	

表1–4　有限责任公司与股份有限公司组织机构设置的差异

项目	有限责任公司	股份有限公司
组织机构设置差异	股东人数较少或规模较小的，允许不设董事会和监事会，只设1名执行董事和1~2名监事	因股东人数相对较多，必须设置股东大会、董事会、监事会，依法规范操作
	股东会的召集方式、通知时间和决议形成程序也较为灵活	
	一人有限公司和国有独资公司不设股东会，机构运作模式也有差异	

表1–5　有限责任公司与股份有限公司股权转让过程的差异

项目	有限责任公司	股份有限公司
股权转让限制差异	股东之间除公司章程另有规定外，可以相互转让其名下的全部或部分股权	①股东名下的股票除法律限制的以外，可以自由转让；②股东向股东以外的人转让股票，无须经过其他股东同意，其他股东也没有优先购买权
	股东向股东之外的人转让股权，应当经其他股东过半数同意。经其他股东同意转让的股权，在同等条件下，其他股东有优先购买权	依法在证券交易所上市交易或在证券交易所挂牌的股票，可以自由买卖（限售或锁定股票除外）

此外，有限责任公司和股份有限公司在信息披露义务上也有差异，有

限责任公司的经营事项和财务账目无须向社会公开；股份有限公司，尤其是上市公司和新三板挂牌公司，负有法律规定的信息披露义务，其财务状况和经营情况等要依法向社会公开披露。

1.3.6 有限合伙企业

《中华人民共和国合伙企业法》（以下简称《合伙企业法》）第二条规定："本法所称合伙企业，是指自然人、法人和其他组织依照本法在中国境内设立的普通合伙企业和有限合伙企业。普通合伙企业由普通合伙人组成，合伙人对合伙企业债务承担无限连带责任。本法对普通合伙人承担责任的形式有特别规定的，从其规定。有限合伙企业由普通合伙人和有限合伙人组成，普通合伙人对合伙企业债务承担无限连带责任，有限合伙人以其认缴的出资额为限对合伙企业债务承担责任。"

合伙企业是由两个或两个以上的自然人通过订立合伙协议，共同出资、共负盈亏、共担风险的企业组织形式。其中，参与合伙经营的组织和个人，是合伙企业的主体。

合伙企业设立的条件有五项：

（1）合伙人数量不少于两人（含两人），且依法承担无限责任；

（2）形成书面合伙协议；

（3）有合伙人实际缴纳的出资；

（4）合伙企业设定名称；

（5）有经营场所及其他从事合伙经营的必要条件。

只要满足上述条件，任何人都可以创办合伙企业。如果是有限合伙企业，合伙人数量在两人到五十人之间，至少有一人是普通合伙人。

合伙企业分为普通合伙企业（含特殊合伙）和有限合伙企业。普通合伙企业常见于知识服务类企业，与一般企业关系不大。本部分重点讲述有限合伙企业，私募基金、股权投资企业等常采用这样的企业形式，方便管理方在极少出资成为普通合伙人（如私募管理人出资0.01%成为普通合伙人）后，以普通合伙人身份执行合伙事务，并通过合伙协议约定而实现对合伙企业的管理和控制，因此有限合伙企业是掌握公司控制权的有效形式。

普通合伙人以承担无限连带责任为代价，只需用很少的出资比例就可以执行合伙事务；有限合伙人不执行合伙事务。

有限合伙企业类似个体户与有限责任公司的混合体，普通合伙人承担类似个体户的无限连带责任，有限合伙人承担类似公司股东的有限责任，因此合伙人的权利和责任与出资比例不直接相关，而与身份相关。

大公司用于员工股权激励的持股平台，较常采用的企业形式是有限责任公司和有限合伙企业（见表1-6）。采用有限责任公司的形式，各股东地位平等，创始人需要较多股权或更复杂的设计以实现对持股平台的控制；采用有限合伙企业的形式，创始人可通过普通合伙人身份和合伙协议约定，用很少的出资实现创始人对员工持股平台的控制。

表1-6 有限责任公司和有限合伙企业对比

对比项	有限责任公司	有限合伙企业
股东人数	2~50人（一人公司为特例）	2~50人，至少一个普通合伙人
出资形式	可用货币、实物、知识产权、土地使用权等可用货币估值并可转让的财产出资	可用货币、实物、知识产权、土地使用权或其他财产权利出资，也可用劳务出资，但有限合伙人不得以劳务出资
股东/合伙人债务责任	以认缴的出资额为限承担责任	普通合伙人承担无限连带责任，有限合伙人以认缴的出资额为限承担责任
重要文件	公司章程	全体合伙人协商一致的合伙协议
表决权	①特别事项经三分之二以上表决权股东同意；②为股东或实际控制人担保，经出席股东表决权半数以上通过；③对外转让股权，经半数以上股东同意；④其他可由公司章程约定	①由普通合伙人执行合伙事务，可要求报酬；②有限合伙人不执行合伙事务，不对外代表企业；③其他可由合伙协议约定；④无约定则一人一票过半数通过
分红权	按实缴的出资比例分红，但全体股东约定不按出资比例分红除外	按合伙协议约定，约定不明则协商决定，协商不成按出资比例，无法确定则平均分。但除合伙协议另有约定外，不得将全部利润分给部分合伙人
对外转让出资或财产份额	按公司章程规定	按合伙协议约定

最后，特别强调一下合伙企业与合伙人的区别：合伙人是企业的一种治理制度，是企业管理的一种手段；合伙企业是一种法律概念，相对公司制企业而言，是一种企业的组织形式，也是项目跟投制和基金运营普遍采用的一种组织工具。

1.4 股权的核心作用

股权在企业经营过程中有着非常重要的、不可替代的作用。股权的作用主要有六种，从公司治理切入，由股权传承收尾，与股权博弈完美契合。

1.4.1 公司治理

股权的首要用途是公司治理，股权结构是否合理关乎公司治理能否顺利进行，而且股权结构也决定了公司不同的组织结构及治理结构，最终决定了公司的发展走向。

股权结构主要作用于公司治理的内部机制分为控制权可竞争的股权结构和控制权不可竞争的股权结构。

（1）控制权可竞争的股权结构下：①股东会决定的董事会能够代表全体股东的利益；②剩余价值的控制权与索取权相匹配，股东有动力向经理层施加压力，促使其为实现公司价值最大化而努力；③相对控股股东的存在比较有利于经理层在完全竞争的条件下进行自然更换。

（2）控制权不可竞争的股权结构下：①占绝对控股地位的股东可通过垄断董事会人选的决定权来获取对董事会的决定权，中小股东的利益得不到保障；②剩余价值的控制权与索取权不相匹配，股东只会利用手中仅有的权力去谋取自己的私利，没有动力去实施监控与敦促；③经理层的任命被大股东所控制，不存在竞争状态下的优胜劣汰。

1.4.2 公司/企业激励

公司/企业激励就是股权激励。国内对于股权的认知和运作虽然起步较晚，但蔓延速度极快，如今股权激励已经成为企业管理最常用的形式。无论是上市公司，还是非上市公司，也无论大、中、小各级别企业，都可以实施股权激励，以激发员工和股东的敬业精神，留住核心人才，实现企业长远发展。总之，股权激励是一种以股权为标的，对企业员工和股东进行的长期激励机制。

股权激励可以把非股东员工的个人利益、股东的长远利益和企业的长期发展结合起来，在最大限度内防止企业管理者和实际操作者的短视心理和短期行为，杜绝企业上下的集体不作为心理。

通过股权激励可以调动企业内部的监管机制，更好地为员工和股东的利益保驾护航，在经营过程中防范如"内部人控制"等侵害股东利益的行为。

1.4.3 股权融资

企业可以通过释放一定股权比例的形式获得融资，即用股权方式获得资金，将企业级别快速拉高，做大做强。

做法是企业现有股东主动让出部分股权用以融资，外部注资方或投资人通过对企业增资的方式成为企业新股东。股权融资获得的资金属于长期资金，原则上没有到期日，企业没有还本付息的压力。

虽然企业股本增加了，但企业股权也被部分释放，是不是股权融资对企业利大于弊呢？当企业做大做强后，自身持有的股权会随之增值，带来巨大的增收效益。而新股东的利益诉求是与老股东共享企业的成长带来的利益分红和股权溢价收益。

股权融资按照融资渠道和发行场所可划分为公开发行、定向发行和私募融资三种方式。

1. 公开发行

公开发行是通过股票市场向公众投资者发行公司的股票来募集资金，公司上市、上市后的增发和配股都是公开发行的具体形式。

《证券法》第九条规定:"公开发行证券,必须符合法律、行政法规规定的条件,并依法报经国务院证券监督管理机构或者国务院授权的部门注册。未经依法注册,任何单位和个人不得公开发行证券。证券发行注册制的具体范围、实施步骤,由国务院规定。有下列情形之一的,为公开发行:(一)向不特定对象发行证券的;(二)向特定对象发行证券累计超过二百人,但依法实施员工持股计划的员工人数不计算在内;(三)法律、行政法规规定的其他发行行为。非公开发行证券,不得采用广告、公开劝诱和变相公开方式。"

2. 定向发行

定向发行针对非上市公众公司,即新三板挂牌公司。

《非上市公众公司监督管理办法》第四十二条规定:"本办法所称定向发行包括股份有限公司向特定对象发行股票导致股东累计超过200人,以及公众公司向特定对象发行股票两种情形。前款所称特定对象的范围包括下列机构或者自然人:(一)公司股东;(二)公司的董事、监事、高级管理人员、核心员工;(三)符合投资者适当性管理规定的自然人投资者、法人投资者及其他经济组织。股票未公开转让的公司确定发行对象时,符合本条第二款第(三)项规定的投资者合计不得超过35名。核心员工的认定,应当由公司董事会提名,并向全体员工公示和征求意见,由监事会发表明确意见后,经股东大会审议批准。投资者适当性管理规定由中国证监会另行制定。"

3. 私募融资

私募融资是公司自行寻找特定的投资人,吸引其通过增资入股形式进行的股权融资。私募融资非公开发行证券,不得采用广告、公开劝诱和变相公开等方式进行宣传。

1.4.4 对外投资

企业在自身经营的主要业务之外,以现金、实物、无形资产等方式,或者以购买股票、债券等有价证券的方式,向境内外的其他企业进行投资,称为"对外投资"。对外投资无论是股权投资还是债权投资,目的都是在未来获得投资收益。

对外投资按其形成的公司拥有权益的不同,可分为股权投资和债权投资（本部分忽略债券投资），投资与被投资企业多数形成股权关系则是内生发展的需要，如此企业可以用较少的资金实现对外扩张的目的。

对外投资是企业发展的必然路径，可以有效利用闲置资源，将它们的价值最大化；有利于开发新产品、衍生出附加值更高的产品品类；最快速地扩大销售规模、开辟新市场；能够整合上下游产业的资源，保障企业发展产业链的完整和布局的合理性；便于从外部引进先进生产技术，提高企业技术实力和竞争能力。

对外投资后，根据母公司的持股情况，可以形成三类子公司。

1. 全资子公司

全资子公司是指母公司持有子公司100%的股权。《公司法》规定公司可以设立一人有限责任公司，但不能设立一人股份有限公司。一个自然人只能投资设立一个一人有限责任公司。该一人有限责任公司不能投资设立新的一人有限责任公司。

2. 控股子公司

控股子公司是指母公司持有子公司50%以上（但不足100%）股权或股份。

《公司法》第二百一十六条规定："本法下列用语的含义：……（二）控股股东，是指其出资额占有限责任公司资本总额百分之五十以上或者其持有的股份占股份有限公司股本总额百分之五十以上的股东；出资额或者持有股份的比例虽然不足百分之五十，但依其出资额或者持有的股份所享有的表决权已足以对股东会、股东大会的决议产生重大影响的股东。"

根据上述规定，可以延伸出两类控股子公司：①绝对控股子公司，即母公司持有子公司超过50%，但不足100%的股权或股份，母公司凭借所持有子公司的股权或股份对子公司形成绝对控制权；②相对控股子公司，即母公司持有子公司低于50%，但通常不低于20%（含）的股权或股份，母公司凭借所持有子公司的股权或股份的表决权足以控制子公司。

3. 参股子公司

参股子公司是指持有其他公司的股权或股份，但仅凭所持有的股权或股份不足以控制该公司，仅是参股得利的本质。

1.4.5 兼并收购

如果说对外投资是内生发展,增长速度相对较慢,那么兼并收购就是外生发展,增长速度将成倍提升。

兼并收购可以简称为"并购",是两家或两家以上的企业,通过相关操作合并成为一家企业,或者是"母子关系"的企业结构。

但"并"与"购"即便性质相同,具体操作却并不相同。

兼并也称为"吸收合并",是一方将另一方"消化吸收掉的过程"。在吸收合并的过程中,兼并方与被兼并方(不固定为一家企业)合并成一家企业,合并完成之时也是被兼并方消失之时。

收购也称为"购入合并",是一方将另一方买入后放置于旗下的过程。在购入合并的过程中,收购方通过现金、股票等有价证券收购另一家企业,以获得被收购方的全部资产或部分资产的所有权,目的是获得对被收购方的控股权,收购完成后两方都存在,被收购方与收购方形成"母子关系"。

兼并收购可以从纵与横两个方面切入:纵向并购可以完善产业链,降低公司经营成本,提升盈利能力;横向并购可以消除竞争对手,迅速扩张规模。

1.4.6 上市

企业做大做强到一定程度之后,就会将上市提上议事日程。其实,上市是很多企业经营者想要尽快实现的梦。毕竟上市为企业带来的不仅是资金,还有外界对企业的品牌、实力、业务、知名度和价值的认可。

上市之后,会给股票市值与股权价值带来以下两方面好处。

(1)没有限售或其他限制的股票是可以自由流通的,受国际环境、宏观经济、政策变动、市场波动及企业经营等因素的影响,企业的股票价格会随时变动,企业市值也随之时刻变动,只要企业业绩向好,能保持持续稳定的增长,长期趋势一定是上涨的。

(2)当企业的股权价值得以实时体现,股票市值不仅代表了企业的实力,也是股票持有者财富的体现,福布斯富豪排行榜上一项重要的统计数据来源就是公开市场发售的企业股票市值。

第二章　公司股权的控制基础

了解公司股权的控制基础应从公司治理结构和股权架构设计两方面入手。

公司治理又称为"法人治理结构",是现代企业制度中最重要的制度架构。公司治理基于企业所有权层次,主要指股东、董事及经理层之间的关系。

股权结构决定了股东结构、股权集中程度以及大股东身份。不同公司股东行使权力的方式与效果差异皆源于不同的股权结构,同时公司治理模式的形成、运作也受股权结构的影响,进而推动公司的绩效。

2.1　公司的"三会一层"决策结构

公司的"三会一层"是指股东会/股东大会、董事会、监事会及高级管理层。本书重点并非讲述公司治理,但因"三会一层"关系到公司股权结构的设计与运作,因此需要对股东会/股东大会、董事会、监事会及高级管理层决策机构进行详细解读。

2.1.1　股东会与股东大会的职责与运作机制

股东会和股东大会都是公司的最高组织机构,职能、功能也基本相同。股东会是有限责任公司的最高权力机构,股东大会是股份有限公司的最高组织机构。

1. 股东会职权

有限责任公司的股东人数较少,其全部股东召开的会议称为股东会。

对于股东会的职权，《公司法》进行了相关规定。

《公司法》第三十七条规定："股东会行使下列职权：（一）决定公司的经营方针和投资计划；（二）选举和更换非由职工代表担任的董事、监事，决定有关董事、监事的报酬事项；（三）审议批准董事会的报告；（四）审议批准监事会或者监事的报告；（五）审议批准公司的年度财务预算方案、决算方案；（六）审议批准公司的利润分配方案和弥补亏损方案；（七）对公司增加或者减少注册资本作出决议；（八）对发行公司债券作出决议；（九）对公司合并、分立、解散、清算或者变更公司形式作出决议；（十）修改公司章程；（十一）公司章程规定的其他职权。对前款所列事项股东以书面形式一致表示同意的，可以不召开股东会会议，直接作出决定，并由全体股东在决定文件上签名、盖章。"

2. 股东大会职权

股份有限公司的股东人数相比有限责任公司要多（最多两百人），全体股东召开的会议称为股东大会。

股份有限公司不是每一位股东都会参与到公司的经营决策中，因此采取所有权与经营权分离的方式，由董事会作为公司业务的经营决策机构，负责公司的经营管理。虽然大部分股东并不直接参与公司管理，但作为股东对公司享有最终所有权，因此可以通过一定机制行使其权力，这就是股东大会形成的原因。对于股东大会的职权，《公司法》也进行了相关规定。

《公司法》第九十九条规定："本法第三十七条第一款关于有限责任公司股东会职权的规定，适用于股份有限公司股东大会。"

《公司法》第一百条规定："股东大会应当每年召开一次年会。有下列情形之一的，应当在两个月内召开临时股东大会：（一）董事人数不足本法规定人数或者公司章程所定人数的三分之二时；（二）公司未弥补的亏损达实收股本总额三分之一时；（三）单独或者合计持有公司百分之十以上股份的股东请求时；（四）董事会认为必要时；（五）监事会提议召开时；（六）公司章程规定的其他情形。"

根据《上市公司章程指引》的有关要求，上市公司股东大会还有以下职权。

（1）对公司聘用、解聘会计师事务所作出决议。

（2）审议公司一年内购买、出售重大资产超过公司最近一期经审计总资产30%的事项。

（3）审议批准变更募集资金用途事项。

（4）审议股权激励计划。

（5）审议批准如下对外担保行为：①本公司及本公司控股子公司的对外担保总额，达到或超过最近一期经审计净资产的50%以后提供的任何担保；②公司的对外担保总额，达到或超过最近一期经审计总资产的30%以后提供的任何担保；③为资产负债率超过70%的担保对象提供的担保；④单笔担保额超过最近一期经审计净资产10%的担保；⑤对股东、实际控制人及其关联方提供的担保。

2.1.2 董事会与执行董事的职责与运作机制

董事会是由董事组成的，由股东会/股东大会选举而成，对内掌管公司事务，对外代表公司执行经营决策。

公司设立董事会，关于其具体职权范围，《公司法》第四十六条明确规定："董事会对股东会负责，行使下列职权：（一）召集股东会会议，并向股东会报告工作；（二）执行股东会的决议；（三）决定公司的经营计划和投资方案；（四）制订公司的年度财务预算方案、决算方案；（五）制订公司的利润分配方案和弥补亏损方案；（六）制订公司增加或者减少注册资本以及发行公司债券的方案；（七）制订公司合并、分立、解散或者变更公司形式的方案；（八）决定公司内部管理机构的设置；（九）决定聘任或者解聘公司经理及其报酬事项，并根据经理的提名决定聘任或者解聘公司副经理、财务负责人及其报酬事项；（十）制定公司的基本管理制度；（十一）公司章程规定的其他职权。"

董事任期由公司章程规定，但每届任期不得超过三年。董事任期届满，连选可以连任。董事任期届满未及时改选或者董事在任期内辞职，导致董事会成员低于法定人数的，在改选出的董事就任前，原董事仍应依照法律、行政法规和公司章程的规定履行董事职务。

此外，还有执行董事与非执行董事的区别，两者是相对的。执行董事也称"积极董事"，作为董事参与企业经营，在董事会内部接受委任担当具体岗位职务，并就该职务负有专业责任。非执行董事也称"外部董事"，是除了董事身份外与公司没有任何其他契约关系的董事。

《公司法》第五十条规定："股东人数较少或者规模较小的有限责任公司，可以设一名执行董事，不设董事会。执行董事可以兼任公司经理。执行董事的职权由公司章程规定。"因此，在规模较小的有限责任公司不设立董事会的情况下，设立的负责公司经营管理的职务，就是执行董事。如果公司设立执行董事，可以在公司章程中规定由该执行董事担任公司法定代表人。

2.1.3 监事会的职责与运作机制

监事会是由股东会/股东大会选举的监事，以及由公司职工通过职工代表大会、职工大会或者其他形式民主选出的监事共同组成的，是对公司的业务活动进行监督和检查的法定必设机构。其中，职工代表比例不得低于三分之一，具体比例由公司章程规定。

监事的任期每届三年。监事任期届满，连选可以连任。监事任期届满未及时改选或者监事在任期内辞职，导致监事会成员低于法定人数的，在改选出的监事就任前，原监事仍应依照法律、行政法规和公司章程的规定履行监事职务。

设立监事会的根本目的是防止董事会、经理滥用职权，损害公司和其他股东利益。有限责任公司和股份有限公司的监事会法律规定分别参考《公司法》第五十一条和第一百一十七条。

《公司法》第五十一条规定："有限责任公司设监事会，其成员不得少于三人。股东人数较少或者规模较小的有限责任公司，可以设一至二名监事，不设监事会。监事会应当包括股东代表和适当比例的公司职工代表，其中职工代表的比例不得低于三分之一，具体比例由公司章程规定。监事会中的职工代表由公司职工通过职工代表大会、职工大会或者其他形式民主选举产生。监事会设主席一人，由全体监事过半数选举产生。监事会主席召集和主持监事会会议；监事会主席不能履行职务或者不履行职务的，由半数以上监事共同推举一名监事召集和主持监事会会议。董事、高级管理人员不得兼任监事。"

《公司法》第一百一十七条规定："股份有限公司设监事会，其成员不得少于三人。监事会应当包括股东代表和适当比例的公司职工代表，其中职工代表的比例不得低于三分之一，具体比例由公司章程规定。监事会中的职工代表由公司职工通过职工代表大会、职工大会或者其他形式民主选举产生。监事会设主席一人，可以设副主席。监事会主席和副主席由全体监事过半数选举产生。监事会主席召集和主持监事会会议；监事会主席不能履行职务或者不履行职务的，由监事会副主席召集和主持监事会会议；监事会副主席不能履行职务或者不履行职务的，由半数以上监事共同推举一名监事召集和主持监事会会议。董事、高级管理人员不得兼任监事。本法第五十二条关于有限责任公司监事任期的规定，适用于股份有限公司监事。"

监事会和监事的职权在《公司法》中进行了相应规定。

《公司法》第五十三条规定："监事会、不设监事会的公司的监事行使下列职权：（一）检查公司财务；（二）对董事、高级管理人员执行公司职务的行为进行监督，对违反法律、行政法规、公司章程或者股东会决议的董事、高级管理人员提出罢免的建议；（三）当董事、高级管理人员的行为损害公司的利益时，要求董事、高级管理人员予以纠正；（四）提议召开临时股东会会议，在董事会不履行本法规定的召集和主持股东会会议职责时召集和主持股东会会议；（五）向股东会会议提出提案；（六）依照本法第一百五十一条的规定，对董事、高级管理人员提起诉讼；（七）公司章程规定的其他职权。"

《公司法》第五十四条规定:"监事可以列席董事会会议,并对董事会决议事项提出质询或者建议。监事会、不设监事会的公司的监事发现公司经营情况异常,可以进行调查;必要时,可以聘请会计师事务所等协助其工作,费用由公司承担。"

《公司法》第一百一十八条规定:"本法第五十三条、第五十四条关于有限责任公司监事会职权的规定,适用于股份有限公司监事会。监事会行使职权所必需的费用,由公司承担。"

《公司法》第一百五十一条规定:"董事、高级管理人员有本法第一百四十九条规定的情形的,有限责任公司的股东、股份有限公司连续一百八十日以上单独或者合计持有公司百分之一以上股份的股东,可以书面请求监事会或者不设监事会的有限责任公司的监事向人民法院提起诉讼;监事有本法第一百四十九条规定的情形的,前述股东可以书面请求董事会或者不设董事会的有限责任公司的执行董事向人民法院提起诉讼。监事会、不设监事会的有限责任公司的监事,或者董事会、执行董事收到前款规定的股东书面请求后拒绝提起诉讼,或者自收到请求之日起三十日内未提起诉讼,或者情况紧急、不立即提起诉讼将会使公司利益受到难以弥补的损害的,前款规定的股东有权为了公司的利益以自己的名义直接向人民法院提起诉讼。他人侵犯公司合法权益,给公司造成损失的,本条第一款规定的股东可以依照前两款的规定向人民法院提起诉讼。"

《公司法》第一百四十九条规定:"董事、监事、高级管理人员执行公司职务时违反法律、行政法规或者公司章程的规定,给公司造成损失的,应当承担赔偿责任。"

2.1.4 高级管理层的职责与运作机制

提到管理层,人们总是将董事会也纳入其中,认为凡是能管理企业的层级都是管理层。但从职能定位的角度和权责划分的角度,董事会与管理层有着明显的区别。

公司治理结构分为股东会/股东大会→董事会→管理层三级，股东会/股东大会是公司的最高权力机构，但因不是常备管理机构，而设董事会作为常备管理机构（见图2-1）。

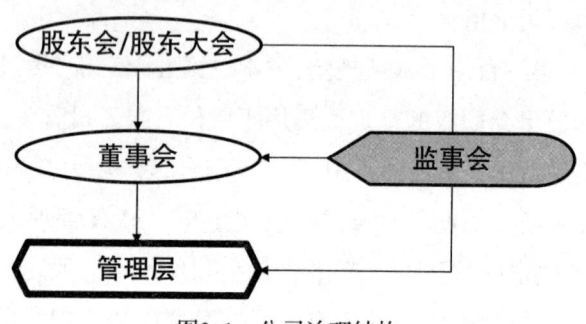

图2-1　公司治理结构

1. 从职能定位的角度

（1）董事会上受控于股东会/股东大会，下控制管理层，和管理层是委托与被委托的关系。董事会委托管理层具体执行决策，组织公司的生产管理，作为资源控制方，通过聘任或解聘管理层人员并决定其报酬来发挥其经营管理功能。

（2）管理层是受委托方，负责执行董事会的决议，完成董事会赋予的经营管理公司的工作。

2. 从权责划分的角度

（1）董事会主要权责包括：①选聘或解聘公司管理层，并决定其报酬；②审议和批准管理层的战略计划、经营计划和投资方案；③审议公司的各类财务方案、利润分配方案及弥补亏损方案；④决定公司合并、分立和解散等。

（2）管理层由董事会聘任，对董事会负责，主要职权包括：①实施董事会决策；②负责公司日常管理，包括内部设置和管理规章；③负责内部员工选聘、管理，并决定员工报酬等。

下面，从战略定位、经营管理、财务投资、组织人事四个方面具体呈现董事会与管理层的权责划分区别，以便对董事会和管理层有更好的理解（见表2-1）。

表2-1 董事会与管理层权责划分区别

权责类型	管理层	董事会
战略定位	①执行董事会决议，并向其汇报工作；②实施董事会批准的战略方案；③控制战略实施过程	①执行股东会决议，并向其汇报工作；②提出公司的发展方向、发展目标；③提出重大战略的战略方案（包括企业改革改制、公司内部合并与分立、对外兼并与联合、多元化经营等），报股东会批准；④跟踪监控战略实施过程；⑤对战略实施结果进行评价
经营管理	①制订年度经营计划，提交董事会决议；②在实施年度经营计划和战略方案过程中，配置人、财、物，制定各项规章，保证计划和方案的实施	审议并决定管理层提出的年度经营计划
财务投资	①提出公司预决算方案，执行董事会预决算决议；②负责日常财务管理，汇总公司财务报表；③在董事会授权范围内决定对内、对外投资	①审议并决定公司预决算方案；②制订公司利润分配方案、弥补亏损方案；③审核并决定对内、对外大额投资
组织人事	①拟订公司内部管理机构设置方案；②提出副总经理和财务负责人人选；③聘任和解聘其他员工，决定员工报酬，并制定员工的奖惩考核制度	①决定公司内部管理机构的设置；②聘任和解聘总经理，根据总经理提名，聘任副总经理和财务负责人；③制定以上人员的报酬，建立对以上人员的激励和约束机制

2.1.5 三级机构的职权划分

股东会/股东大会、董事会、经理/总经理是《公司法》规定的公司三级机构，本部分对经理/总经理的权力进行详细阐述。

《公司法》第四十九条规定："有限责任公司可以设经理，由董事会决定聘任或者解聘。经理对董事会负责，行使下列职权：（一）主持公司的生产经营管理工作，组织实施董事会决议；（二）组织实施公司年度经营计划和投资方案；（三）拟订公司内部管理机构设置方案；（四）拟定公司的基本管理制度；（五）制定公司的具体规章；（六）提请聘任或者解聘公司副经理、财务负责人；（七）决定聘任或者解聘除应由董事会决定聘任或者解聘以外的负责管理人员；（八）董事会授予的其他职权。公司章程对经理职权另有规定的，从其规定。经理列席董事会会议。"

《公司法》对于经理的职权并无"必须"之类的强制性规定，可根据需要对股东会、董事会、总经理间的职权进行调整，并在公司章程中做明确规定。还可通过约定管理层人员的产生规则，从而间接控制管理层。

总经理的直接上级是公司董事会，直接下级是各中层管理人员。虽然《公司法》第四十九条进行了规定，但具体到公司经营管理还有很详细的权限和职责。

1. 权限

（1）有权批准建立、改进公司经营管理体系，决定公司内部组织结构的设置，并对基本管理制度的制定进行审批。

（2）有权拟订公司的年度财务预算方案、年度财务决算方案、利润分配方案和弥补亏损方案。

（3）有权对上报董事会的财务决算报告和盈利预测报告进行审批。

（4）有权对公司职能部门的各种费用支出和各分厂／分公司的固定资产购置进行审批。

（5）有权对公司年度总的质量、生产、经营、方针、目标进行审批。

（6）有权向董事会提请聘任或者解聘公司副总经理、总经济师、总会计师及其他高级管理人员。

（7）有权聘任或解聘由董事会任免以外的公司管理人员。

（8）有权对公司重大技术改造和项目投资提出建议。

2. 职责

（1）向公司董事会负责，组织实施董事会的决议和规定，根据董事会下达的各项指标确定公司的经营方针，并将实施情况向董事会汇报。

（2）主持公司日常各项经营管理工作，签署日常行政、业务文件，保证公司经营运作的合法性。

（3）组织实施公司年度经营计划和投资方案，并为此提供足够的资源。

（4）召集和主持公司总经理办公会议，协调、检查和督促各部门的工作。

（5）根据市场变化，不断调整公司的经营方向。

（6）负责公司组织结构的调整。

（7）代表公司对外处理业务。

（8）负责公司信息管理系统的建立及信息资源的配置。

（9）负责公司人力资源的开发、管理和提高。

（10）负责公司安全工作。

（11）负责组织完成董事会下达的其他临时性、阶段性工作和任务。

（12）负责倡导公司的企业文化和经营理念，塑造企业形象。

总之，虽然总经理的权力在股东会和董事会之下，但是日常执行机构对战略实施和日常业务管理、机构管理、人事管理、制度管理、机制设置有较高的权力，对公司的发展有重要影响。

《公司法》对三级机构的职权都作了规定（见表2-2）。

表2-2 公司三级机构职权对比

事项类别	具体事项	股东会/股东大会	董事会	总经理
会议、报告类	股东会议	表决	召集、执行、报告	
	董事会会议		决议	列席、组织实施
	董事会报告	批准	提交	
	监事会报告	批准		
经营类	经营方针	决定		
	经营计划		决定	组织实施
	经营管理			主持
投资类	投资计划	决定		
	投资方案		决定	组织实施
预算类	年度预算方案	批准	制订方案	
	年度决算方案	批准	制订方案	

续表

事项类别	具体事项	股东会/股东大会	董事会	总经理
资产类	增资或减资	三分之二以上表决权	制订方案	
	发行债券	决定	制订方案	
	利润分配方案	批准	制订方案	
	弥补亏损方案	批准	制订方案	
人事类	选举董事、监事	决定		
	选聘总经理		决定	
	副总		根据总经理提名决定	提名
	财务负责人		根据总经理提名决定	提名
	其他高管			决定
规章制度类	修改公司章程	三分之二以上表决权		
	基本管理制度		制定	拟定
	具体规章			制定
管理类	管理机构设置		决定	拟定
	合并、分立、解散、清算、变更公司形式	三分之二以上表决权	制订方案	
其他类	其他职权	公司章程规定	公司章程规定	董事会授予，公司章程规定

2.2 涉及股权架构设计的关键解释

设计高质量股权架构是进行股权博弈或者防止股权争夺的极重要环节，涉及很多概念，这些概念将在后续讲述中逐渐呈现。在此将最为关键的两组概念提炼出来单独阐述，以加深印象，提高实操灵活性。

2.2.1 同股同权与同股不同权

同股同权是很多人潜意识的认知，认为自己在公司的利益与股份多少画等号，股份多则权力大，股份少则权力小。若是基于这样的认知，想要在企业中拥有更大权力,势必要增加自己的股份占比。但事实上,很多大企业创业者在经历数轮融资和股权激励后,股权占比已经很少了,但仍然牢牢掌控公司,股权设计的关键在于采用了同股不同权。

1. 同股同权

同样的股份拥有同样的权利。同股同权强调股东之间权利平等,不仅是法律地位的平等,更是股东之间权利相同,同一公司中股权比例、表决权、分红权均呈现一体化,所有股东的权利都根据股权比例确定,因此被称为"一元股权结构"。在实际运用中,该结构存在几个表决权节点(见图2-2)。

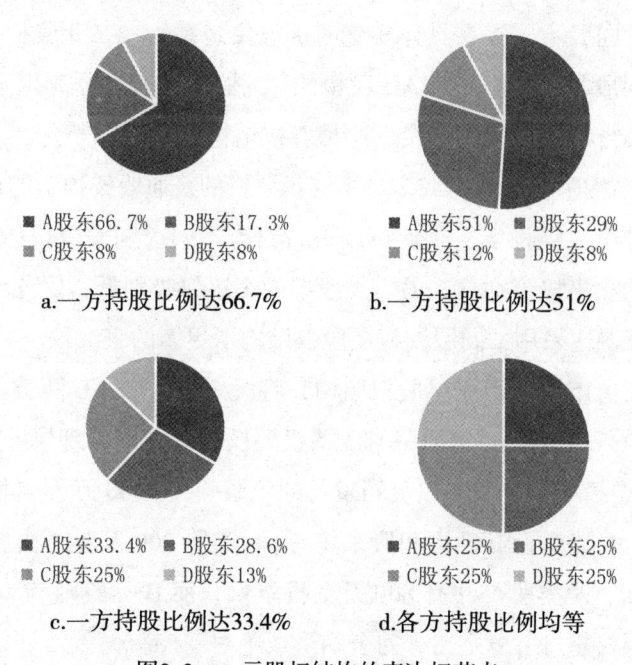

a. 一方持股比例达66.7%（A股东66.7%　B股东17.3%　C股东8%　D股东8%）

b. 一方持股比例达51%（A股东51%　B股东29%　C股东12%　D股东8%）

c. 一方持股比例达33.4%（A股东33.4%　B股东28.6%　C股东25%　D股东13%）

d. 各方持股比例均等（A股东25%　B股东25%　C股东25%　D股东25%）

图2-2　一元股权结构的表决权节点

图2-2中,四种情况下的A股东对企业的控制程度差异很大。第一种情况,除非公司章程对某类事项的股东表决人数做出底线要求,否则A股东对任何事项都可以单方面形成有效表决;第二种情况,A股东对企业具有相对控制权,对法律规定必须达到三分之二表决权的事项无法掌控;第三种情况,虽然A股东无法对企业形成控制,但拥有对重大事项的一票否

决权，因为余下66.6%的股权构不成三分之二表决权，那些法律规定必须达到三分之二表决权的事项将无法通过；第四种情况最糟糕，是因为股权纷争的常见划分模式，企业作任何决议都需要各方达到一致，因个人私利作祟，矛盾难以避免。

2.同股不同权

持有相同股份的股东，其享有的对公司事务的决策权、监督权或资产收益权不同。同股不同权强调对公司的控制权，主要是股东之间表决权不对等，同一公司中有些股东的表决权是"一股一票"，有些股东的表决权是"一股多票"。

因此，同股不同权在具体实施时被形象地称为"二元股权结构"，也称为"双层股权结构"或"AB股模式"，是一种通过分离现金流和控制权对企业实行有效控制的手段。这种股权结构主要适用于允许"同股不同权"（资本结构中包含两类或多类不同投票权的普通股架构）的境外市场。

在这种股权结构下，企业可以发行具有不同级别表决权的两类股票，一类股票的表决权级别高，另一类股票的表决权级别低，因此创始人和管理层可以获得比采用"同股同权"股权结构下更多的表决权。

某公司上市后采用双层股权结构，将股票分为A、B两类。向外部投资人公开发行A类股，每股只有1票投票权；向内部管理层发行B类股，每股有10票投票权。假如该公司发行的股票一共1000万股，其中A类股800万股，由其他投资机构和股东持有；B类股200万股，由公司管理层持有。那么，A类股一共有800万票投票权，而B类股则有2000万票投票权，投票权超过三分之二，对公司形成绝对掌控。

可见，持有少数B类股的创始人和管理层，就算失去多数股权，也能持续掌控公司。通常"同股不同权"仅适用于表决权，与股票的所有权、收益权、分红权不发生关系，每股的价值不变。

国内A股之前并不允许采用AB股模式的企业上市，但允许企业发行优先股，也可实现投票权的分层设计，以保护部分股东对企业的控制权。

《国务院关于开展优先股试点的指导意见》中有如下相关规定（摘录

重要部分）：

（二）优先分配利润。优先股股东按照约定的票面股息率，优先于普通股股东分配公司利润。公司应当以现金的形式向优先股股东支付股息，在完全支付约定的股息之前，不得向普通股股东分配利润。

（四）优先股转换和回购。公司可以在公司章程中规定优先股转换为普通股、发行人回购优先股的条件、价格和比例。转换选择权或回购选择权可规定由发行人或优先股股东行使。

（五）表决权限制。除以下情况外，优先股股东不出席股东大会会议，所持股份没有表决权：（1）修改公司章程中与优先股相关的内容；（2）一次或累计减少公司注册资本超过百分之十；（3）公司合并、分立、解散或变更公司形式；（4）发行优先股；（5）公司章程规定的其他情形。上述事项的决议，除须经出席会议的普通股股东（含表决权恢复的优先股股东）所持表决权的三分之二以上通过之外，还须经出席会议的优先股股东（不含表决权恢复的优先股股东）所持表决权的三分之二以上通过。

（七）与股份种类相关的计算。以下事项计算持股比例时，仅计算普通股和表决权恢复的优先股：（1）根据公司法第一百零一条，请求召开临时股东大会；（2）根据公司法第一百零二条，召集和主持股东大会；（3）根据公司法第一百零三条，提交股东大会临时提案；（4）根据公司法第二百一十七条，认定控股股东。

（八）发行人范围。公开发行优先股的发行人限于证监会规定的上市公司，非公开发行优先股的发行人限于上市公司（含注册地在境内的境外上市公司）和非上市公众公司。

（十）公开发行。公司公开发行优先股的，应当在公司章程中规定以下事项：（1）采取固定股息率；（2）在有可分配税后利润的情况下必须向优先股股东分配股息；（3）未向优先股股东足额派发股息的差额部分应当累积到下一会计年度；（4）优先股股东按照约定的股息率分配股息后，不再同普通股股东一起参加剩余利润分配。

（十一）交易转让及登记存管。优先股应当在证券交易所、全国中小企业股份转让系统或者在国务院批准的其他证券交易场所交易或转让。优先股应当在中国证券登记结算公司集中登记存管。优先股交易或转让环节的投资者适当性标准应当与发行环节一致。

（十四）与持股数额相关的计算。以下事项计算持股数额时，仅计算普通股和表决权恢复的优先股：（1）根据证券法第五十四条和第六十六条，认定持有公司股份最多的前十名股东的名单和持股数额；（2）根据证券法第四十七条、第六十七条和第七十四条，认定持有公司百分之五以上股份的股东。

中国证监会于2014年3月21日公布《优先股试点管理办法》，进一步细化明确优先股的相关规则，规定符合条件的上市公司和非上市公众公司可以发行优先股。

因此，相对于普通股而言，优先股只对特殊事项有投票权，对其他事项无投票权，但有固定的股息率，可优先分配利润。在国内A股上市也可以通过发行优先股而保留对公司的控制权。

2.2.2 股票期权与虚拟股权

股票期权与虚拟股权是股权类型中两个较为特别的类型，与工商股权是虚实对应关系，但两者之间也有差异。

工商股权是真正意义上的股权；股票期权是虚拟的工商股权，具有工商股权的特征，但不在工商部门体现；虚拟股权本质就是分红权，除了分红一般不具备工商股权和股票期权所具有的其他股权权利。

1.股票期权

期权也称选择权，股票期权也称"认股权证"，具体对象可以行使购买企业股票的权利，也可以放弃购买该权利。

以股票期权的股权激励对位，激励对象在交付期权费后，在规定的时间内（行权期）以协议约定好的价格（行权价），购买一定数量的本企业流通股票（行权）。

具体实施方式是：企业向激励对象发放期权证书，并承诺在一定期限内或实现协议的条件达成时（如净利率增长率得到保障、开发出新一代产品、实现上市等），激励对象可以较低的价格购买股权。

某公司最近两年净利润大幅增加，为回报员工，公司董事会审议通过了一份股权激励计划，拟定对公司高管和核心技术人员定向发行100万份公司股票期权。行权资金来源分为两部分：个人自筹和以个人工资为担保的企业内部贷款形式。行权条件为三项：激励对象在行权的前一年度绩效考核必须合格；连续两年公司扣除经常性损益后的加权净资产收益率不低于15%；行权员工最近三年没有出现过重大违规违纪行为。

该激励方案施行后，管理层的积极性和能动性大幅度增加，公司当年的净利润增长率达到了32.5%，比实施激励之前的年复合增长率提高了5.5%。

股票期权可帮助企业保持良好增长性，吸引外部优秀人才，降低激励对象的资金压力和经济风险。属于企业与员工双赢模式。

2. 虚拟股权

在常见的股权激励模式中，虚拟股票经常成为企业对员工的激励措施。虚拟股票不是真正的股票，是企业授予激励对象的一种虚拟的"红利股"。这类"股票"不在公司股票总量以内，但在公司内部根据规章协议规定，虚拟股票同实际股票一样享有同样的收益权，也就是说在公司实现了业绩目标后，激励对象可凭虚拟股票享受应得的分红权和股价升值收益。但毕竟是虚拟的，持有者只享有分红权，没有表决权和所有权，更不能转让和出售。在持有者离开公司后，虚拟股票会自动失效。

虚拟股权与虚拟股票在很多地方类似，如持有者享有分红权，但没有表决权和所有权，不能转让和出售。但也有不同的地方，虚拟股权在公司股票总量内是真实存在的，是由某个人或某管理层集体持有，以全额或部分红利的形式对享有者进行股权激励。通常享有虚拟股权激励的人对公司经营是非常重要的，是企业要花费财力大力留下的。

创新工场（北京）企业管理股份有限公司（以下简称创新工场）在新三板的公开转让说明书显示，公司的核心要素为人力资本，尤其是在李开复的带领下，聚集了一批在各自专业领域具有领先优势和丰富经验的导师资源和管理团队，核心管理团队的稳定和导师资源的拓展，对公司保持业内核心竞争力具有重要意义。

但很多人已经发现，李开复自2015年9月担任创新工场董事长以来，并未持有创新工场的股份，也不在创新工场领取报酬。究竟是什么条件让李开复留在创新工场呢？

创新工场在2015年第二次增资后，汪华、陶宁、郎春晖、张鹰四大股东的持股比例分别为27.83%、14.09%、11.36%、11.36%，另外四位小股东的持股比例总和为15.36%。八位股东的持股比例总和为80%，余下的20%为北京创新工场育成管理咨询有限公司（以下简称育成咨询）持有（见图2-3）。

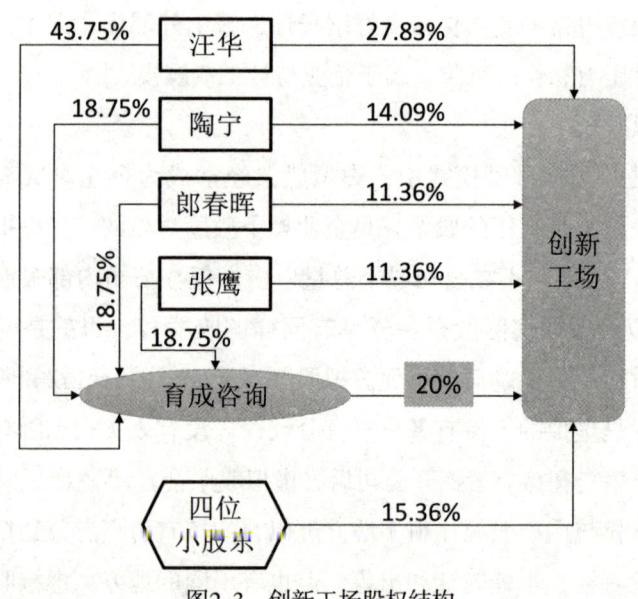

图2-3 创新工场股权结构

育成咨询正是由汪华、陶宁、郎春晖、张鹰四人出资成立，他们分别占有该公司43.75%、18.75%、18.75%、18.75%的股份。成立育成咨询的目的就是为李开复个人单独设计的股权激励方案，四位股东与李开复签署了薪酬激励协议，约定育成咨询占有创新工场20%股份的全部收益归李开复所有，但控制权仍以持股比例为依据归属持股股东。

通过这样的设计，李开复不用出资便拥有创新工场20%的股份收益权，但不直接持有创新工场的股份，也没有股东控制权。2016年2月15日，创新工场在新三板挂牌，四位大股东共控制公司84.64%的股份，处于控股地位。

2.3　股权架构设计为何如此重要

现实中，因为股权设计隐患导致企业内部股权纷争，甚至企业控制权旁落的情况非常多。很多企业在创立之初一心谋发展，待到体量足够大后发现股权架构存在问题，再想更正要么付出很大代价，要么已经为时已晚。无数惨痛的事实警示着每一位创业者，股权架构设计非常重要，必须从开始架设的那一刻就予以重视。

2.3.1　股权架构事关公司顶层设计

创业经常会遇到"凹凸局面"：有的创业者拥有足够的资金，但与行业相关的资源和管理能力不足；有的创业者没有足够的资金，但有着丰富的行业资源与管理能力。这就相当于"凹"和"凸"，如果运作得当，则凹凸正向相吸，形成完美矩形；如果运作失当，则凹凸反向相斥，各走各的路。

一些人看到这种情况，首先会想到劳务出资，但我国法律规定不能以劳务或者技能作为股权出资。因为我国采用的是法定资本制，强调资本确定、资本不变、资本维持三原则。而劳务作为劳动者的专属能力，不具有独立转移性，只会随着劳动者意志转移，因此具有不确定性，也无法进行评估，不能保证公司资本确定。

此外，如果允许劳务出资，很可能损害债权人的利益。因为公司的独立法人以其全部财产对外承担责任，股东以认缴额为限对债务承担有限责任。出于对债权人权益的保护，股东的出资必须是可以估价且可以转让的，而劳务既不能估价，也无法转让。

不能以劳务出资，是不是堵死了那些资金不足，但技能过硬的创业预备者的路呢？当然不会，这就涉及股权架构。

黄先生大学毕业后，一直从事软件工程师工作，在软件开发领域有着较深造诣。孙先生在游戏领域打拼多年，积累起相当财富，想扩大公司经营范围。此二人联手就形成了"凹凸局面"，一方有财力，另一方有能力。

孙先生计划成立有限责任公司，注册资金2000万元，黄先生最多能出资100万元，但他希望自己能占股30%，孙先生同意在出资占股方面做些让步。

后经二人协商，孙先生出资1600万元，黄先生出资400万元。若按出资比例确定股权比例，黄先生只能占股20%，孙先生遵守让步约定，同意对方占股30%。为了公司出资更加公平，将注册资金变为分期缴纳，期限为四年，孙先生和黄先生每年分别出资400万元和100万元，即在此四年中，公司盈利取得分红后，逐步补足注册资本。

这样的做法非常高明，既解决了黄先生资金不足的问题，又满足其希望凭借自己的能力多获得一部分股份的愿望，更为重要的是实现了出资的公平。二人在公司正式运转后，分别发挥各自强项，孙先生负责公司管理运作，黄先生负责产品研发改进。因为股权占比如愿，黄先生很满意自己的角色，终于实现了为自己工作，这才是真正的多劳多得。

本部分最后附加一段：如果黄先生和孙先生选择成立合伙企业，黄先生就可以以劳务形式出资，对劳务的价值评估由全体合伙人协商确定，并在合伙协议中载明。

2.3.2 股权架构不明引发权利纷争

餐饮连锁店"真功夫"由潘宇海创立，后又加入了蔡达标。在分配股权时，两人决定以感情为重，各占50%。但是，随着事业的进展，潘宇海和蔡达标在公司管理、发展理念、经营模式上冲突频现，导致二人逐渐由感情深变成了积怨深，接连互相拆台。矛盾在2011年彻底爆发，"真功夫"部分高管因涉嫌经济犯罪被警方带走协助调查，蔡达标最终也因经济犯罪锒铛入狱。几年的斗争之后，"真功夫"错过了发展的黄金时间。

在公司发展壮大的过程中，联合创业者通常都付出了各自的努力，希望在收获阶段拿到更大的报偿。而且，因为企业发展的阶段不同，每个人的作用也不同，潘宇海认为自己是公司创业阶段的首席功臣，蔡达标认为自己在公司快速扩张阶段作用更大，两者都有很高的回报期望值。如果此时公司在股权架构上没有成熟的约定与限制，必起纷争。

现实中如"真功夫"这种两败俱伤甚至"同归于尽"的情况并不少见。通常情况下，股权架构不明最明显的结果就是形成股东僵局，导致企业控制权与利益索取权双重失衡。

当企业控制权落到了对企业经营发展贡献较小的股东手中时，势必会引发贡献较大的股东的不满，各种或明或暗的反抗都会出现。这种明争暗斗对企业的损害非常大，很多企业在无尽的内耗中走向毁灭。

当企业控制权交给了股份占比较小的股东时，其自然会利用手中的控制权扩大自己的额外利益，以弥补自己因股份较少导致的利益不足。这种滥用控制权的法律风险是巨大的，对企业和其他股东利益都会有严重损害。多数受伤害的股东会选择诉诸法律，以维护自身合法权益，如果法院判决仍不能帮助自己挽回损失，申请法院强制解散公司也不罕见。

《最高人民法院关于适用〈中华人民共和国公司法〉若干问题的规定（二）》第一条，就人民法院审理公司解散和清算案件适用法律问题作出相关规定："单独或者合计持有公司全部股东表决权百分之十以上的股东，以下列事由之一提起解散公司诉讼，并符合公司法第一百八十二条规定的，人民法院应予受理：（一）公司持续两年以上无法召开股东会或者股东大会，公司经营管理发生严重困难的；（二）股东表决时无法达到法定或者公司章程规定的比例，持续两年以上不能做出有效的股东会或者股东大会决议，公司经营管理发生严重困难的；（三）公司董事长期冲突，且无法通过股东会或者股东大会解决，公司经营管理发生严重困难的；（四）经营管理发生其他严重困难，公司继续存续会使股东利益受到重大损失的情形。股东以知情权、利润分配请求权等权益受到损害，或者公司亏损、财产不足以偿还全部债务，以及公司被吊销企业法人营业执照未进行清算等为由，提起解散公司诉讼的，人民法院不予受理。"

迷局

第三章　股东应掌握的知识点

作为股东，要关注的不仅是自己的地位和手中的权力，还要了解与股东相关的知识。只有做到知己（了解股东的身份），才能真正知彼（了解股东应有的权利）。

3.1　股东角色的关键点

一个人从成为股东的那一刻起，不仅意味着人生的角色又多了一个，更重要的是肩负的责任更大了。

3.1.1　注册股东的人数

A、B、C三人决定联手创立一家销售老年保健产品的公司，在注册公司的过程中，B提出"人多力量大，应吸纳更多人加入创业团队，才能得到更多起步资金"的建议，另外两人表示赞同。于是，三人开始说服身边好友加入，最终创始团队人数达到14人，获得了比原本多五倍的启动资金。

但接下来的工作却异常困难，每个人都有自己的想法，都想在公司经营中有更多话语权，并为自己争取更多利益。众人花费了两个月时间也没能确定公司的经营方向、出资条件和利益划分标准。最终勉强达成协议，但有人心存不满，又因为各自时间不统一和想法不一致，导致注册事宜一拖再拖。

类似上述创业状况的团队并不罕见，因为很多创业者在注册公司时都希望有更多股东加入。一方面股东更多，资金规模会更大；另一方面期待每位股东能发挥各自优势，助力公司快速发展。想法很美好，若能按照设想进行下去，实现愿望也并非难事。

实际上参与的人多了，除了能多些资金这一点好处外，其他几乎都是不利的。人多想法多，人多私利多，人多矛盾多，这些足以抵消多出的启动资金带给企业的助益。

总之，在公司注册阶段，注册的股东过多会导致程序烦琐，在股权分配和股权动态调整时会更加麻烦。更为重要的是，过多的股东将导致那些必须经代表三分之二以上表决权的股东通过的决议遭遇麻烦。对创业公司来说，时效就是一切，能比对手更快一些就能为自己多争取一份生存下去的希望。

《公司法》第四十三条规定："股东会的议事方式和表决程序，除本法有规定的外，由公司章程规定。股东会会议作出修改公司章程、增加或者减少注册资本的决议，以及公司合并、分立、解散或者变更公司形式的决议，必须经代表三分之二以上表决权的股东通过。"

希望公司能有充足的创业资金是可以理解的，但如何既能收拢更多资金，又能规避因股东人数过多导致注册困局呢？我们提供的方案是：无须等到股东人数完备再去注册公司，就算前期只有一个人，也可以先注册一人有限责任公司。随着公司发展可以根据实际情况确定其他股东，再去工商变更即可。

3.1.2 公司章程与股东出资协议的关系

《公司法》第十一条规定："设立公司必须依法制定公司章程。公司章程对公司、股东、董事、监事、高级管理人员具有约束力。"

也就是说，公司章程是法律必备的规定公司组织及基本规则的书面文件，可以看作公司的"根本法"。公司章程中应规定公司名称、地址、经营范围、经营管理制度等重大事项，是公司必备的规定公司组织及活动基本规则的书面文件。公司章程是股东共同一致的意思表示，载明了公司组织和活动的基本准则，是公司的宪章。公司章程具有法定性、真实性、自治性和公开性的基本特征。

股东出资协议是股东为成立公司而达成的出资运营协议，就未来的投资、运营和分红达成一种约定，属于运营契约。股东出资协议的内容比较基本的有公司名称、地址、注册资本、经营范围、股东出资比例等，还必须有出资额、出资方式、出资时间、股东之间的责任等。

公司章程中的约定可能没有股东出资协议中那么详细，一些细节问题涉及不到，在这种情况下极易发生因股东出资协议与公司章程不一致导致的股东间的纠纷。

曾发生过一起投资双方签订《合作投资协议书》后，其中一方在前期投资到位且公司注册成立的情况下突然决定终止出资，理由是与另一方无法继续合作。其认为公司成立后，公司章程就代替了《合作投资协议书》，而公司章程中没有约定必须继续出资。

这种情况下，合作方是可以继续要求对方履行出资义务的，因为在双方自愿签订的《合作投资协议书》中并没有法定的无效情形，应当被认为是合法有效的协议。公司章程与股东出资协议并非替代关系，而是并列关系，即便公司章程出台，《合作投资协议书》依然有效，是必须要执行的，否则就会构成法律上的违约。

总之，公司章程与股东出资协议在公司名称、注册资本、经营范围、股东出资比例等诸多方面有相同之处，但并不表示两者具有相同的功能，因此不能简单地认为制定公司章程后就可以取代股东出资协议。相反，两者并非矛盾关系，两者可以共存（见表3-1）。

表3-1 公司章程与股东出资协议对比

对比项	公司章程	股东出资协议
效力范围	对于公司所有人员都具有约束力	限于签订协议的股东内部之间
性质	法律要求必须设立	法律不要求必须设立
相同点	公司名称、注册资本、经营范围、股东出资比例	

股东出资协议虽然在法律层面不要求必须制定，但在公司层面必须制

定,其法律效力范围限于签订协议的股东内部之间,而公司章程对公司所有人员都具有约束力。即公司章程约束公司本身,股东出资协议则对发起股东的内部权利和义务进行约束。

3.1.3 股东可否委托别人参加股东大会

企业召开股东大会,是依照《公司法》和公司章程的规定召集的,会议涉及企业经营管理的重要问题。参加股东大会也是股东权利的体现,但如果股东无法按时参加股东大会,可否委托第三人参加?

《公司法》第一百零六条规定:"股东可以委托代理人出席股东大会会议,代理人应当向公司提交股东授权委托书,并在授权范围内行使表决权。"

股东委托代理人出席股东大会首先必须征得其他股东同意,然后递交书面授权委托书。代理人只能在被授权范围内行使表决权,以保障股东大会作为公司最高权力机构的决策正确性。

尽管委托代理非常方便,但代理仍然会带来一些问题,如越权代理、表见代理等,都会给委托人及善意代理人带来不便。因此,对于委托代理权限问题,建议在授权委托书中予以明确约定(见表3-2)。

表3-2 授权委托书的委托权限

项目	内容
明确具体授权事项	在授权委托书上明确规定授权代理的事项。如在授权委托书上列明代为表决增资、减资事项,除上述授权事项外,代理人无权代表委托人作出任何其他行为或决定
明确具体授权期限	如果不写明具体授权期限,授权期限会被认定无截止期限,存在代理人在委托事项结束后继续使用授权委托书的风险
明确表决权和分红权	表决权和分红权是股东最核心的两项权利,为避免委托人做出错误的意思表示和代理人做出错误的理解,建议在授权委托书中明确载明委托人的意思,如对选举某人为法定代表人投赞成票

特别提醒一点:代理人持有委托人签字的授权委托书,委托人的签字存在伪造可能。为防止出现伪造授权委托书的情况,建议双方对授权委托

书进行公证。

3.1.4 股东是否有权随时撤资

A与B合伙创办公司，约定A占股60%，B占股40%。经营一段时间后，业务进展比较顺利，又引入了C，股权结构调整为A占45%，B占25%，C占30%。但自此以后经营逐渐陷入困境，公司一直处于亏损中，B找到大股东A希望撤资。

这是创业企业的常见情形，创立时雄心万丈，分手时一团乱麻。那么，B是否可以提出撤资？A又是否有资格同意，并退钱给B呢？

《公司法》第三十五条规定："公司成立后，股东不得抽逃出资。"也就是说，任何人都没有随意撤资与同意他人撤资的权利。《公司法》这样规定是对公司合法经营和债权人权利的一种保护。如果允许公司股东随意撤资，公司经营将无法稳定。因此，任何人随意撤资或允许他人撤资都将涉嫌抽逃出资，不仅公司将面临巨额罚款，股东个人也要承担法律责任。

但出资入股也不是绑定行为，有四种方式可以实现合法撤资。

（1）通过股权转让的方式，将自己的股权转让给其他股东或股东以外的第三人。

（2）通过减资的行为完成撤资，但因涉及减少公司注册资本，必须履行议事程序和表决程序，还要进行公告，通知债权人等。

（3）在达到一定条件的情况下（企业要求和个人要求），股东可以要求公司回购其股份。

（4）在公司破产后，通过清算将公司财产进行回收，但这种方法的启用就意味着公司濒临死亡。

3.2 隐名股东的利益维护

很多公司在创立和经营发展期间出于各种因素，引入隐名股东。那么隐名股东的权利与义务是如何规定的，利益应该怎样维护呢？

3.2.1 隐名股东的权利与义务

隐名股东是指为了规避法律政策或出于某些原因，借用他人名义设立公司或者以他人名义认购公司股权，且实际出资，但在公司章程、股东名册和工商登记中却记载为他人的出资人。为隐名股东代持股份的股东称为"名义股东"，虽未实际出资却记载于工商登记资料上，也称为"挂名股东"。

名义股东并不享有实质权利，由股权产生的所有分红及管理权均属于隐名股东。

我国法律并不禁止股权代持，只要股权代持协议不违反法律的强制性规定，都是有效的。代持行为虽然避免了企业创立之初股权频繁变更的麻烦，但是也不可避免地会带来一些问题，如名义股东擅自处分股权。这种行为会形成两种法律关系：一是隐名股东和名义股东之间的合法法律关系，二是名义股东和第三人之间的股权转让的法律关系。

A 在某公司出资，但出于某些私人原因找到 B 为其代持，并签订股权代持协议。一年后，在 A 不知情的情况下，B 将其代持的股份全部转让给 C，转让过程经过了公司其他股东过半数同意。这种情况下，A 还有机会拿回自己的股份吗？

这就要看 C 是不是善意取得，如果是善意取得，则可以认定股权转让行为合法有效。

我国公司采取股权公示制度，以工商局登记、股东名册、公司章程对外产生法律责任，在隐名股东不知情的情况下，名义股东将所代持股份转让给第三人，并经过其他股东同意，这种情况下第三人构成善意取得，此时隐名股东只能追究名义股东的违约行为。

《最高人民法院关于适用〈中华人民共和国公司法〉若干问题的规定（三）》第二十三条规定："当事人之间对股权归属发生争议，一方请求人民法院确认其享有股权的，应当证明以下事实之一：（一）已经依法向公司出资或者认缴出资，且不违反法律法规强制性规定；（二）已经受让或者以其他形式继受公司股权，且不违反法律法规强制性规定。"

《最高人民法院关于适用〈中华人民共和国公司法〉若干问题的规定（三）》第二十五条规定："有限责任公司的实际出资人与名义出资人订立合同，约定由实际出资人出资并享有投资权益，以名义出资人为名义股东，实际出资人与名义股东对该合同效力发生争议的，如无合同法第五十二条规定的情形，人民法院应当认定该合同有效。前款规定的实际出资人与名义股东因投资权益的归属发生争议，实际出资人以其实际履行了出资义务为由向名义股东主张权利的，人民法院应予支持。名义股东以公司股东名册记载、公司登记机关登记为由否认实际出资人权利的，人民法院不予支持。实际出资人未经公司其他股东半数以上同意，请求公司变更股东、签发出资证明书、记载于股东名册、记载于公司章程并办理公司登记机关登记的，人民法院不予支持。"

但是，如果隐名股东有证据证明名义股东和第三人恶意串通，则可以请求法院判令名义股东与第三人之间的股权转让合同无效，由第三人返还股权。

隐名股东享受了隐名带来的利益，也要承担隐名带来的风险。为了将风险降到最低，隐名股东一定要保护好自己的合法权益，下面提供六点建议。

（1）起草全面的股权代持协议，其中明确约定隐名股东和名义股东的权利和义务。

（2）征得其他股东的同意，并让其他股东在股权代持协议上签字确认。

（3）选择熟悉了解的人代持，有必要签署私人间的约束协议。

（4）要求名义股东将股权质押给隐名股东。

（5）保管好出资证明，证明购买股权的资金是自己所出。

（6）直接参与企业管理，担任重要职务，以证明自己的股东身份和对企业的价值。

3.2.2 隐名股东如何变为显名股东

通过上一部分的讲述可知，现实中隐名股东不在少数，他们需采用各种方式保护自己的利益，但如果隐名股东想变为显名股东如何才能做到呢？

朱先生、鲁先生、程先生三人各出资 35 万元联合创立一家广告公司，并约定共担风险，共享利益。其中，程先生想继续保留现公司高管职位，便与朱先生和鲁先生约定自己的隐名股东身份。三人签署了《共同经营协议》，公司给程先生出具了加盖公章的出资证明。该公司的工商登记股东名字没有程先生，其股份由朱先生、鲁先生平均代持，而公司内部则是朱先生、鲁先生、程先生平均持股。

之后，程先生利用自己企业高管的身份，为公司拉来不少客户（所在行业有差异，并未损害现企业利益），一年期满获得了分红。但朱先生和鲁先生认为程先生除了拉来一些客户，其他经营管理均未参与，付出较少，故二人私下达成协议：因为公司章程和工商登记都没有程先生的名字，便不再承认程先生的股东身份。程先生起诉至法院，要求确认其股东身份。那么，程先生的诉求能够被支持吗？

该案例判决，法院支持了程先生的诉讼请求，并依法恢复程先生的股东身份，即程先生由隐名股东变为显名股东。

虽然程先生属于隐名股东，但是公司章程和工商登记并非认定股东资格的最终或绝对依据。与公司创立、经营相关的其他协议、证明和行为同样具有认定股东资格的效果。该案例中，程先生的股东身份可通过三个方面获得证明。

（1）该公司注册资金的三分之一是程先生出的，有公司加盖公章的出资证明。

（2）程先生参与了公司实际运作（不论贡献大小），也被分配了利润。

（3）程先生与另外两人签署了《共同经营协议》，协议中明确约定三人均是公司股东。

其中，方面（3）最为关键，虽然不是代持协议，但是《共同经营协议》中已包含代持义务和责任，朱先生和鲁先生也已在协议上签字，说明彼此签订协议的意思表示是真实的、一致的，程先生作为股东的权利应当受到法律保护。

最后，对隐名股东进行总结：虽然通过各种防范措施可以有效防止名义股东失控，但并不能从根本上杜绝，因为外界不能第一时间识别隐名股东的身份。而且，我国司法实践采取的是"兼顾个体与社会公共利益"的原则，一方面对隐名股东的身份予以承认；另一方面赋予外部交易相对人的信赖利益对抗权，隐名股东不能对抗基于对公司登记事项的信赖而发生交易的第三人。

3.3　各项股东权利

有关股东权利的内容散见于《公司法》的相关条文中，归纳起来主要是三个方面的十四种权利。

3.3.1　经营管理类权利

1. 表决权

股东通过出席或委托代理人出席股东会/股东大会，以"赞成""反对""弃权"的形式行使表决权。股东表决权的大小取决于股东所掌握的股权份额。

普通股一般每股代表一票；优先股（有优先取得股息和分得剩余财产的权利）一般没有表决权，或者要受到种种限制。但是，若优先股的股息被拖欠，这部分股东通常具有表决权。

表决权可以本人行使，也可以由股东委派他人行使。

大股东只需集中掌握30%～40%的普通股票就能左右股东会/股东大会的表决权，从而对公司形成控制。小股东在发现有影响自己权利或侵犯自身合法权益的议案时，需要联合起来达到法律规定的占股比进行维权。

《公司法》第一百零三条第三、第四款规定："股东大会作出决议，必须经出席会议的股东所持表决权过半数通过。但是，股东大会作出修改公司章程、增加或者减少注册资本的决议，以及公司合并、分立、解散或者变更公司形式的决议，必须经出席会议的股东所持表决权的三分之二以上通过。"即一般事项的决议按照简单多数通过为原则，特别事项的决议按照绝对多数通过为原则。

法律也会对股东的表决权施加限制。《公司法》第十六条规定："公司向其他企业投资或者为他人提供担保，依照公司章程的规定，由董事会或者股东会、股东大会决议；公司章程对投资或者担保的总额及单项投资或者担保的数额有限额规定的，不得超过规定的限额。公司为公司股东或者实际控制人提供担保的，必须经股东会或者股东大会决议。前款规定的股东或者受前款规定的实际控制人支配的股东，不得参加前款规定事项的表决。该项表决由出席会议的其他股东所持表决权的过半数通过。"

再如，《公司法》第一百零三条第一、第二款规定："股东出席股东大会会议，所持每一股份有一表决权。但是，公司持有的本公司股份没有表决权。"

2. 选举权和被选举权

《公司法》对我国企业股东的选举权和被选举权作了明确规定，股东有权根据公司章程的规定，并通过股东会/股东大会的形式选举公司董事或监事。同时，股东本人若符合《公司法》规定的公司董事和监事的任职资格，也有权被选举为公司的董事和监事。选举权和被选举权是最基本的，也是最实质的管理公司的权利。

为了保护中小股东的利益，《公司法》为股份有限公司设计了累积投票的选举模式。《公司法》第一百零五条规定："股东大会选举董事、监事，可以依照公司章程的规定或者股东大会的决议，实行累积投票制。本法所称累积投票制，是指股东大会选举董事或者监事时，每一股份拥有与应选董事或者监事人数相同的表决权，股东拥有的表决权可以集中使用。"

3. 经营权

企业的经营者掌握对企业法人财产的占有、使用和依法处置的权利。企业的经营只有拥有了企业法人财产的经营权之后，才能根据市场需要独立做出经营决策，自主开展生产经营。与所有权相比，经营权少了收益的权利。

经营权在通常情况下，属于所有者本人，但也可根据法律、行政命令和依照所有者的意志转移给他人，这种转移是合法的，应受到国家法律的保护。

4. 管理权

对所有权人授予的、为获取收益而对所有权人的财产享有占有、使用的权利（亦包括对所有权人的财产处分权），包括产、供、销、人、财、物各个方面，主要有经营方式选择权、生产经营决策权、资金支配使用权、人事劳务管理权、产品销售权、物资采购权、物资管理权及其他经营管理权。

3.3.2 利益分割类权利

1. 所有权

所有权是所有人依法对自己财产所享有的占有、使用、收益和处分的权利。所有权是物权中最重要也最完全的一种权利，具有绝对性、排他性、永续性三个特征。

回到企业经营上，公司给予股东的各种权益，就是股东的所有权，具体指股东基于自身股东资格而享有的从公司获取经济利益并参与公司管理的权利。

股东性质是根据股东出资划分的，一般分为个人股东、投资基金、合格境外机构投资者、其他非居民企业。

股东所有权包括至少十项子权利：①发给股票或其他股权证明请求权；②股份转让权；③股息红利分配请求权；④优先认购新股权；⑤股东会临时召集请求权或自行召集权；⑥出席股东会并行使表决权；⑦公司章程和

股东大会记录查阅权；⑧对公司财务的监督检查权；⑨对公司经营的建议与质询权；⑩公司剩余财产分配权。

2. 优先认购权

优先认购权是公司发行新股或可转换债券时，老股东可以按原先持有的股份数量的一定比例优先于他人进行认购的权利。

《公司法》第三十四条规定："股东按照实缴的出资比例分取红利；公司新增资本时，股东有权优先按照实缴的出资比例认缴出资。但是，全体股东约定不按照出资比例分取红利或者不按照出资比例优先认缴出资的除外。"

此外，还有两种情况。

（1）未实缴的股东是否享有优先认购权。由《公司法》第三十四条规定可知，股东应按照实缴的出资比例行使优先认购权。但是《公司法》允许公司股东通过公司章程等自治条款约定，允许未实缴的股东行使优先认购权。

（2）风险投资中的优先认购权。风险投资人为了能够同步参与增资，防止股权被稀释，一般会要求得到优先认购权。该条款常见的表述如下：①目标公司以任何形式进行新的股权融资，投资方有权按所持股权比例享有优先购买权；②目标公司以任何形式进行新的股权融资时，目标公司、创始股东应自目标公司初步确定新的融资计划之日起十个工作日发出《拟增资通知》通知投资方，通知内容包括但不限于目标公司的融资方案、融资价格、融资条件和新投资者的名称等；③自投资方收到《拟增资通知》之日起连续六十日（以下简称"增资优先期"）内，投资方有权选择是否根据《拟增资通知》中明确规定的条款，以《拟增资通知》中明确规定的价格，按各投资方届时持有的股权比例认购拟增注册资本。选择认购拟增注册资本的投资方，必须在"增资优先期"内将其选择以书面形式通知公司。完成拟增注册资本认购的时限应不超过自"增资优先期"届满后的第一天起算的六十日。

3. 资产收益权

资产收益权是获取基于所有者财产而产生的经济利益的可能性，是人们因获取追加财产而产生的权利义务关系。收益权是所有权在经济方面的实现形式，该权利的行使可以为所有人带来经济上的收益。

投资者购买上市公司股票，成为该公司股东的最重要目的就是获取收益。股东获得财产收益的方式主要包括：公司分配股利、转让所持有的公司股票以获得差价收益、参与公司解散清算后的剩余财产分配。

资产收益权最直接的体现就是股东按照实缴的出资比例或者公司章程规定的其他收益方式分取红利。

上市公司分配股利为两种形式：一是现金股利，就是现金分红，公司直接以货币形式向股东发放；二是股票股利，也称"送红股"或"送股"，公司将可分配利润折算成股票（红股），按照股东持股比例无偿分派。

4. 转让权

转让权是公司股东依法将自己的股东权益有偿转让给他人，使他人取得股权的民事法律权利。前提是不存在禁售限制。

一般而言，只要在法定场所，并依法定方式，股份公司的股东可以自由转让自己所持有的公司股份，但以下几种人转让股份受到一定限制。

（1）发起人持有的本公司股份，自公司成立之日起一年内不得转让。

（2）持有公司公开发行股份前已发行股份的股东，自公司股票在证券交易所上市之日起一年内不得转让。

（3）公司董事、监事、高级管理人员在任职期间内，每年转让的股份不得超过其所持有的本公司股份总数的25%，并且其所持的本公司股份自公司股票上市交易之日起一年内不得转让。此外，上述人员在离职后半年内，不得转让其所持有的本公司股份。

5. 剩余财产分配权

剩余财产分配是企业解散清算总程序中的一个步骤。流程为：①将财产变现后，所得支付各类所需费用（包括清算费用、职工工资、社会保险费用、法定补偿金、所欠税款等）；②根据确定的债务清偿顺序依次清偿债务；③债务清偿后，如尚有剩余财产，可按公司章程、协议规定或者各方的出资比例进行分配。

3.3.3 个体维护类权利

1. 知情权

知情权是公司股东了解公司信息的权利。这是一个权利体系,由三项子权利组成:财务会计报告查阅权、账簿查阅权、检查人选任请求权。上述三项权利针对的中心是股东对公司事务知晓的权利,目的是保证股东获得充分的信息。

根据《公司法》规定,有限责任公司和股份有限公司的股东在知情权方面略有差异。

有限责任公司的股东有权查阅、复制公司章程、股东会会议记录、董事会会议记录、监事会会议记录和财务会计报告。

股份有限公司的股东有权查阅公司章程、股东名册、公司债券存根、股东大会会议记录、董事会会议记录、监事会会议记录、财务会计报告。

2. 质询权

公司股东有权就公司的经营情况向公司经营者提出质询。公司经营者也有义务针对股东的质询予以答复,并说明情况。

《公司法》第一百五十条第一款规定:"股东会或者股东大会要求董事、监事、高级管理人员列席会议的,董事、监事、高级管理人员应当列席并接受股东的质询。"

3. 查阅权

查阅权是公司股东对公司的会计账簿、会计文书等相关的会计原始凭证和文书、记录进行查阅的权利。

法律设立股东账簿查阅权,是因为公司的财务会计报告是笼统地、大概地反映公司的经营管理情况,原始的会计账簿更能够充分反映公司的经营管理事务发生的具体情况。股东要想获取更充分的公司经营管理信息就必须查阅公司的会计账簿。

为防止有限责任公司股东滥用查阅权影响企业正常经营或者泄露商业

机密,《公司法》对有限责任公司股东的查阅权进行了一定限制。

《公司法》第三十三条第三、第四、第五款规定:"股东要求查阅公司会计账簿的,应当向公司提出书面请求,说明目的。公司有合理根据认为股东查阅会计账簿有不正当目的,可能损害公司合法利益的,可以拒绝提供查阅,并应当自股东提出书面请求之日起十五日内书面答复股东并说明理由。公司拒绝提供查阅的,股东可以请求人民法院要求公司提供查阅。"

4. 信息接收权

信息接收权是股东要求公司提供公司信息的权利。从公司角度而言,属于强制信息披露义务。按照公司类型不同,股东信息接收权可分为有限责任公司股东信息接收权和股份有限公司股东信息接收权。

(1)有限责任公司股东信息接收权。有限责任公司应当按照公司章程规定的期限将财务会计报告送交各股东。

(2)股份有限公司股东信息接收权。股份有限公司的财务会计报告应当在召开股东大会年会的二十日前置备于本公司,供股东查阅;公开发行股票的股份有限公司必须公告其财务会计报告。

5. 诉讼权

当股东会、董事会决议存在程序上或内容上违反法律或公司章程规定时,中小股东可以提起撤销决议诉讼或确认决议无效诉讼。

根据《公司法》规定,公司董事、监事、高级管理人员执行公司职务时违反法律、行政法规或者公司章程的规定,侵害公司权益时,有限责任公司的股东、股份有限公司连续一百八十日以上单独或者合计持有公司百分之一以上股份的股东,有两种维护自身权利的方式:①以书面请求监事会或者不设监事会的有限责任公司的监事向人民法院提起诉讼;②以书面形式请求董事会或者不设董事会的有限责任公司的执行董事向人民法院提起诉讼。

当监事会、不设监事会的有限责任公司的监事,或者董事会、不设董事会的有限责任公司的执行董事,收到股东书面请求后拒绝提起诉讼,或者自收到请求之日起三十日内未提起诉讼,或者情况紧急、不立即提起诉讼将会使公司利益受到难以弥补的损害等情况时，股东有权为了公司利益以个人名义直接向人民法院提起诉讼。

当他人侵害公司合法权益，给公司造成损失时，股东也可依照上述规定向人民法院提起诉讼。

第四章　熟悉股权纷争发生的前奏

股权纷争不是一朝一夕酿成的，而是从股权分配开始长时间的负面累积，股权运作过程中的风险控制不利和股权转让中的各种"死局"操作，都可以对企业造成致命伤害，很多本该有良好发展前景的企业"死"在了股权纷争上。

4.1　股权分配的困局

进行股权分配时，有几大陷阱在暗处潜藏，一旦设计有误，就会掉入某个陷阱。随着企业经营深入，陷阱中的困顿会逐步放大负面作用，直到将企业拖入深渊。下面，我们对股权分配的五大困局逐一进行剖析，看看这些困局形成的内在原因和所致恶果，以此警醒企业创始人对股权分配的重视。

4.1.1　平均分配

出资方的资金比例相等就是平均分配，如两名股东各占50%，四名股东各占25%，五名股东各占20%……

"股权均分"导致的最直接后果是股东有同等发言权，企业决策没有"拍板人"。实际经营中一旦发生影响公司的大事件，股东往往因为个人能力不同、考虑问题的方向不同、面临的个人难题不同，导致无法达成一致意见，无法形成决策。

长时间议而不决不仅对公司经营非常不利，还会引发大股东之间的权力斗争。

1977年，成立仅一年的苹果公司股权结构变更为史蒂夫·乔布斯、史蒂夫·盖瑞·沃兹尼亚克、迈克·马尔库拉各占30%，另一位核心级工程师占10%。

1980年，苹果公司公开招股上市，乔布斯股份被稀释到15%，第二大股东马尔库拉股份降低到11%。在企业发展的关键阶段，乔布斯和马尔库拉发生内斗，鉴于自己手中股权不够，为了制约马尔库拉，乔布斯说服百事可乐CEO约翰·斯卡利跳槽来到苹果公司担任CEO。但接下来剧情反转，斯卡利"叛变"了，最终在马尔库拉的支持下解除了乔布斯的职务。乔布斯无奈出走，直到1996年才临危回归。

将股权平分列在"死局"第一位，是因为其出现的概率最大。创业期的同心同德往往让人忽略了利益对人性的侵蚀。随着企业发展壮大，利益渐多，平等的权利必然引发"同床异梦"，待彼此之间矛盾升级，结果只能是"同室操戈"，甚至"同归于尽"。

4.1.2 按资分配

按资分配是股权设计中非常容易出现的错误。很多公司在创立时，直接按照出资人投入的金额进行股权比例分配，却忽略了出资人在实际经营中对企业的价值贡献。如果出资多的人占据较大股份，但其几乎不参与企业经营，而出资少的人占据较小股份，却对企业发展贡献很大，随着企业发展年深日久，这种"人资倒挂"必然引发矛盾。

因为，简单地从投入多少得到多少的直接因果关系看，按资配股好像是公平合理的。但从公司经营的实际角度看，一家公司能否做好，资金只是一方面因素，还有很多因素必须同时考虑进来，如人力贡献、专业技术、特殊资源等。只有综合各方面因素才能最终确定每个人的配股比例。

甲公司由A、B、C三位股东出资创立，A出资60万元，B出资25万元，C出资15万元，股权分配为A占60%，B占25%，C占15%。因为B掌握技术而全权负责经营管理，C引入一些特殊资源帮助公司发展，

A基本不参与经营。

乙公司由E、F、G三位股东出资创立，E出资50万元，F出资30万元，G出资20万元。股权分配为E占50%，F占30%，G占20%。F和G全权委托E负责企业经营管理。

丙公司由H、I、J、K四位股东出资创立，H出资40万元，I出资35万元，J出资15万元，K出资10万元。股权分配为H占20%，I占35%，J占5%，K占10%，预留30%。I为公司法人代表，与K分别为公司总经理与副总经理，负责公司经营管理，H和J不参与公司日常管理。

甲公司和乙公司的股权设计不合理，虽然资金对于公司起步很重要，但是随着经营深入，人的贡献更为重要。参考如下两条建议。

（1）甲公司中A出资最多，但没有任何资金外的贡献；B又掌握技术又负责经营，显然是贡献最大的；C为公司引入重要资源，对公司发展也有一定贡献。这种情况下，A的股权占比必须大幅下调，B的股权占比则要相应提升，C的股权占比暂时可维持不变，待日后进行小幅下调。总之，要以B为核心股东，并预留部分股份融资做准备。

（2）乙公司中E出资最多，经营贡献也最大；F和G出资偏少，经营贡献基本为零。必须大幅下压F和G的股权占比，是否上调E的股权占比要看实际经营需要。通常企业都会做融资考虑，因此可不上调E的股权占比，以预留部分股份为将来融资做准备。

丙公司的股权设计非常合理，不仅考虑到了资本与实际管理的贡献差异，还预留出部分股权做融资准备。

H虽然出资最多，对公司创立贡献最大，但不参与日常经营管理，其股权占比相比出资占比打了对折；J出资较少，对公司创立贡献较小，又不参与日常管理，其股权占比只是出资占比的三成；I出资第二多，对公司创立贡献较大，又是公司的法定代表人和主要经营者，其股权占比与出资占比持平；K出资最少，对公司创立贡献最小，但对公司经营管理贡献较大，股权占比与出资占比也持平。因此，所预留出的30%股权比例可用作将来融资。更为重要的是，I作为公司一把手，其股权占比超过33.4%，虽然不对公司形成绝对或相对控制权,但是他掌握一票否决权,这也是企业最高管理者拥有最高权力的体现。

4.1.3 股权过散

公司发展离不开充足的资金,于是一些创业者和公司经营者大力为公司寻找"带资入场"的合作者,只要肯投入资金,就会分得股份。这就导致了一些企业出现规模不大,但股东众多的怪现象。

某咖啡连锁企业通过股权众筹的模式成立,股东总人数超过一百人。这些股东都是高素质人才,大家认为这么多人才合资创办的公司必定是智慧的集合场,未来发展将不可限量。但落实到具体经营时却变了味道,他们都是小股东,每个人都对咖啡厅的经营指手画脚,而且彼此间谁也不服谁,都认为自己的模式好,经营决策一日三变,连咖啡定价都忽高忽低。

这家咖啡连锁企业的结局,不用说也想得到,如此"作死"经营的结果只能是关张。在股东众多的公司中,人多就意味着关系复杂、圈层林立,如果没有一个可以服众的核心人物,就会是一盘散沙,即便公司有优秀的产品、出色的技术、众多的资源,最终也只能沦为其他企业的"垫脚石"。

4.1.4 小股为尊

某公司有 A 与 B 两名股东,分别拥有公司 51% 和 49% 的股份。几年的经营相安无事,后招募了一位"技术大神"C,为了让 C 尽心工作,A、B 各拿出 3% 的股份相赠。公司股权结构变更为:A 占股 48%,B 占股 46%,C 占股 6%。

常规情况应该是,C 掌握股权最少,相比 A 和 B 是绝对小股东,在公司内的分量理应最轻。但因为 A 和 B 都没有达到股东持股过半数的相对控制线,在日常经营中也都没有决策权,所以每当 A 与 B 意见相左时,都会争取 C 站在自己一边。无论是 A+C 的股份占比之和,还是 B+C 的股份占比之和,都超过 51%。局面变成了只要获得了 C 的支持,就等于某项决策可以通过了。C也看到了自己的重要地位，他没有选择固定站队，而是在个人利益至上的前提下周旋于A、B之间，最终形成了A、B被架空，C成为隐性决策者的局面。

通过上述案例可以看到，因为股权划分不合理导致小股东称霸，让公司中的某一个或某几个小股东形成的小集体趁机做大，获得公司的最高决策权。

4.1.5 影子股东

对于影子股东的讨论，可以分为两个部分：一是机会股东，也称"兼职股东"；二是挂名股东，也称"备胎股东"。

1. 机会股东

有些股东以兼职身份存在于公司内，实际经营贡献很少，甚至为零。对于创业或发展型公司来说，存在这样的股东是危险的，因为他们投资的目的只是获得收益，对那些全职经营的股东来说非常不公平。

因此，公司应尽量避免出现机会股东。如果确实因为资金、资源或特殊原因的需求不得不引入机会股东，也要将他们的股份占比压到最低，而且在公司未来发展中要逐步稀释机会股东的股份比例。

2. 挂名股东

出于某些特殊原因，有些公司会让他人在工商局注册成为公司股东，但这类股东既没出资，也不出力，却是"显性股东"；真正为公司出资又出力的股东却没有经过工商注册，成了"隐性股东"。

试想，按资分配的"人资倒挂"都能引发巨大矛盾，这种"挂名股东"引发矛盾的概率将更大。当家族、朋友之间发生矛盾时，手握公司权力的"显性股东"能做出怎样的行为？当公司经营出现危机时，没有注册却为公司尽心竭力的"隐性股东"将做出怎样的行为？

4.2 股权运作中的风险

股权运作隐藏各种风险,从最初的出资,到经营过程中的各种矛盾和恶意,打响了一场又一场股权争夺战,最终鹿死谁手,往往在一开始就已埋下伏笔。

4.2.1 股东出资有瑕疵

公司注册资本是公司出资人依法缴纳的作为公司承担责任的保证资本。拥有注册资本是公司成立的必备条件,但如果出资过程中存在瑕疵,就会给债权人造成利益损害。

邓女士是甲公司负责人,彭先生是乙公司负责人。双方达成买卖意向,乙公司从甲公司购入 260 万元的生产原料,邓女士要求乙公司先行支付 60 万元作为定金,其余款项在乙公司收到货物后 10 个工作日内一次性结清,彭先生表示同意。在签署合同时,彭先生提出余款可否在三周内分三次结清,分别是第一周结算 20%,第二周结算 50%,第三周结算 30%。为促成最终合作,甲公司方面经过考虑,同意了彭先生的要求,双方顺利签订合同。

然而,乙公司在收到全部货物后,只支付了余款的 20%,便以产品质量不符合标准为由拒绝支付,甲公司多方联系彭先生均无果。时间拖了半年,乙公司将甲公司提供的原料转卖,获利不菲。

邓女士见索要余款无望,向法院提起诉讼,要求乙公司偿还未结算余款 160 万元。法院调查得知,乙公司是彭先生独资成立的,注册资金 200 万元全部来源于彭先生的房产作价,但房产并未过户到公司名下,某会计师事务所将未过户的房产作为彭先生的出资予以验资。彭先生在公司成立不久后又将这套房产售卖给杨先生。现在乙公司没有任何资产,在判决胜诉的情况下,甲公司能否要求彭先生赔偿?

虽然《公司法》鼓励出资多样性，但绝不允许股东使用欺诈手段。以非现金方式出资的，股东应当依法办理财产权的转移手续，如不办理则应当认定股东没有支付相应对价取得公司股权。因此，这类瑕疵出资的股东需要承担相应的法律责任。

此外，股东未履行出资义务的，债权人有权要求股东在未出资本息范围内，对公司债务不能清偿的部分承担补充赔偿责任。结合本案例，彭先生应该在其出缴的注册资金范围内承担补充赔偿责任。

《公司法》第二十七条规定："股东可以用货币出资，也可以用实物、知识产权、土地使用权等可以用货币估价并可以依法转让的非货币财产作价出资；但是，法律、行政法规规定不得作为出资的财产除外。对作为出资的非货币财产应当评估作价，核实财产，不得高估或者低估作价。法律、行政法规对评估作价有规定的，从其规定。"

《公司法》第二十八条规定："股东应当按期足额缴纳公司章程中规定的各自所认缴的出资额。股东以货币出资的，应当将货币出资足额存入有限责任公司在银行开设的账户；以非货币财产出资的，应当依法办理其财产权的转移手续。股东不按照前款规定缴纳出资的，除应当向公司足额缴纳外，还应当向已按期足额缴纳出资的股东承担违约责任。"

如果怀疑或发现某股东出资瑕疵，可以采取以下措施保护自身利益免受侵害。

（1）在公司的工商登记档案中查询公司成立时的出资情况。

（2）通过会计师事务所出具的验资报告，进一步验证该股东是否将用作出资的不动产或知识产权变更至公司名下。

（3）到相关部门查实该股东是否将用于出资的不动产或知识产权变更至公司名下（该步可防止会计师事务所与股东合谋）。

通过上述步骤，如果发现该股东没有履行变更登记，则可认定该股东出资不到位。公司、其他股东或公司债权人主张认定出资人未履行出资义务的，在诉诸法律后，法院在依法依规对事实调查清楚后，应予以支持。

《最高人民法院关于适用〈中华人民共和国公司法〉若干问题的规定

(三)》第十条:"出资人以房屋、土地使用权或者需要办理权属登记的知识产权等财产出资,已经交给公司使用但未办理权属变更手续,公司、其他股东或者公司债权人主张认定出资人未履行出资义务的,人民法院应当责令当事人在指定的合理期间内办理权属变更手续;在前述期间内办理了权属变更手续的,人民法院应当认定其已经履行了出资义务;出资人主张自其实际交付财产给公司使用时享有相应股东权利的,人民法院应予支持。出资人以前款规定的财产出资,已经办理权属变更手续但未交给公司使用,公司或者其他股东主张其向公司交付,并在实际交付之前不享有相应股东权利的,人民法院应予支持。"

《最高人民法院关于适用〈中华人民共和国公司法〉若干问题的规定(三)》第十三条规定:"股东未履行或者未全面履行出资义务,公司或者其他股东请求其向公司依法全面履行出资义务的,人民法院应予支持。公司债权人请求未履行或者未全面履行出资义务的股东在未出资本息范围内对公司债务不能清偿的部分承担补充赔偿责任的,人民法院应予支持;未履行或者未全面履行出资义务的股东已经承担上述责任,其他债权人提出相同请求的,人民法院不予支持。股东在公司设立时未履行或者未全面履行出资义务,依照本条第一款或者第二款提起诉讼的原告,请求公司的发起人与被告股东承担连带责任的,人民法院应予支持;公司的发起人承担责任后,可以向被告股东追偿。股东在公司增资时未履行或者未全面履行出资义务,依照本条第一款或者第二款提起诉讼的原告,请求未尽公司法第一百四十七条第一款规定的义务而使出资未缴足的董事、高级管理人员承担相应责任的,人民法院应予支持;董事、高级管理人员承担责任后,可以向被告股东追偿。"

4.2.2 股东抽逃出资

《公司法》已作出明确规定,公司成立后,股东不得随意撤资,更不能抽逃出资。因为公司成立后,出资就变成了公司的财产,股东不能直接撤回自己的资本,如果股东直接将资本从公司撤回,则构成抽逃出资,当有债务纠纷时，股东应承担补充赔偿责任。

但在现实中仍免不了一些人在出资上动歪脑筋，具体表现为将出资款转入公司账户验资后又转出，或者通过虚构债权债务关系将其出资转出，或者制作虚假财务会计报表虚增利润进行分配、利用关联交易将出资转出等，最终都会损害公司和其他股东的权益。

《最高人民法院关于适用〈中华人民共和国公司法〉若干问题的规定（三）》第十二条规定："公司成立后，公司、股东或者公司债权人以相关股东的行为符合下列情形之一且损害公司权益为由，请求认定该股东抽逃出资的，人民法院应予支持：（一）制作虚假财务会计报表虚增利润进行分配；（二）通过虚构债权债务关系将其出资转出；（三）利用关联交易将出资转出；（四）其他未经法定程序将出资抽回的行为。"

其中，最为常见的出资抽逃是股东利用自己对公司的掌控将资金抽走。比如，验资完毕后，公司尚未展开实际经营，股东在3~5天以贷款、采购等名义将资金转走。面对这种情形，债权人应向法院申请，对虚构的贷款方、采购方进行询问调查，如证实是虚假交易，就可以证明股东构成抽逃出资。

《公司法》第二百条规定："公司的发起人、股东在公司成立后，抽逃其出资的，由公司登记机关责令改正，处以所抽逃出资金额百分之五以上百分之十五以下的罚款。"

《最高人民法院关于适用〈中华人民共和国公司法〉若干问题的规定（三）》第十四条规定："股东抽逃出资，公司或者其他股东请求其向公司返还出资本息，协助抽逃出资的其他股东、董事、高级管理人员或者实际控制人对此承担连带责任的，人民法院应予支持。公司债权人请求抽逃出资的股东在抽逃出资本息范围内对公司债务不能清偿的部分承担补充赔偿责任，协助抽逃出资的其他股东、董事、高级管理人员或者实际控制人对此承担连带责任的，人民法院应予支持；抽逃出资的股东已经承担上述责任，其他债权人提出相同请求的，人民法院不予支持。"

《最高人民法院关于民事执行中变更、追加当事人若干问题的规定》

第十八条规定:"作为被执行人的营利法人,财产不足以清偿生效法律文书确定的债务,申请执行人申请变更、追加抽逃出资的股东、出资人为被执行人,在抽逃出资的范围内承担责任的,人民法院应予支持。"

4.2.3 股东/合伙人之间矛盾无法调和

某公司有A、B两名股东,分别占股60%与40%。A为公司董事长和法定代表人,B为公司监事。公司成立不到一年,两人就因为经营理念不合产生矛盾。其后两年,B一边隐忍,一边尝试各种办法,但A均不接受,还将B排除在管理层外,公司连续三年不召开股东会。

根据《公司法》规定,持股超过10%的股东就有权向法院申请解散公司。结合该公司的现状,已经三年未召开股东会,即便召开因为股东只有A、B两人,矛盾依然不能解决。可以推断出,公司内部机制已无法正常运转,已经到了"经营管理发生严重困难"的程度,股东投资公司的目的无法达到,已符合解散条件。

《公司法》第一百八十条规定:"公司因下列原因解散:(一)公司章程规定的营业期限届满或者公司章程规定的其他解散事由出现;(二)股东会或者股东大会决议解散;(三)因公司合并或者分立需要解散;(四)依法被吊销营业执照、责令关闭或者被撤销;(五)人民法院依照本法第一百八十二条的规定予以解散。"

《公司法》第一百八十二条规定:"公司经营管理发生严重困难,继续存续会使股东利益受到重大损失,通过其他途径不能解决的,持有公司全部股东表决权百分之十以上的股东,可以请求人民法院解散公司。"

需要注意,"公司经营管理发生严重困难"不应片面理解为资金困难、严重亏损,主要侧重于公司在管理方面是否存在严重内部障碍,如股东会机制失灵等。

4.2.4 大股东恶意控制公司

甲公司由A与B两人合伙创立,A占股70%,B占股30%。双方签订了《股权合作协议书》后,B支付了约定的出资金额。但在经营中,A

只是声称公司效益不错，但从没有向 B 分红。B 数次问及股份和分红，A 均闪烁其词，逃避应履行的责任。

乙公司由 D、E 和其他股东出资创立，其中 D 占股 8%，公司大股东为 E，实际负责人也是 E。公司成立后发展良好，连续拿下几个大项目，盈利颇丰，但公司从未向 D 等小股东通报过实际经营状况和财务状况。连续两年小股东都未能拿到分红，D 提出召开股东会的提议也石沉大海。

现实中，这种大股东恶意控制公司损害小股东利益的情况很常见，作为利益被侵害的一方，B 和 D 以及其他小股东，都可以主张自己的权益。

股东分红权行使的前提是必须确定公司有利润可供分配，且符合公司的决策规则。《公司法》规定，股东会审议批准公司的利润分配方案，分配利润属于公司自治范围。如果利益尚处于不确定状态，股东与公司未形成红利分配的债务债权关系时，法院不予强制分配利润。

虽然法院不介入公司的内部自治，也不干涉公司正常的分红环节，但是如果公司长期不召开股东会/股东大会，公司获得的盈利也不予分配，这种损害小股东利益的行为将会触发法院的介入。

但需注意：股东的起诉是有限制的，股东只有代位诉讼权，需先请求董事会或监事会提起诉讼，如董事会、监事会不同意，股东才能提起诉讼。

4.3 股权转让控制战

就像幸福的人都相似，不幸福的人各有各的原因一样，引发股权转让控制战的原因也各不相同。限于篇幅，我们提炼出其中隐秘性最强、杀伤力最大的三种。

4.3.1 股东私自转让股权

在公司经营过程中，股东想要转让股份的情况并不少见，有的股东会依法通知其他股东，有的股东则不会，罔顾法纪自行将股份转让给公司以外的第三人。

某公司由 A、B、C 三人出资创立，其中 A 占股 55%，B 占股 25%，C 占股 20%，A 为公司的法定代表人和董事长。经营到第三年，效益出现下滑，C 在犹豫了半年后，决定将自己的股份卖掉，并联系了 D。在 C 和 D 谈妥价格并签订《股权转让协议》后，C 才电话告知 A 与 B。A 劝说 C 不要退出，C 表示一定要退出。A 又提出要和 B 优先购买 C 的股份，C 也不同意。那么，A 的要求是否合理？

《公司法》赋予股东三项基本权利：表决权、否决权、优先购买权。优先购买权就是股东在同等条件下可以优先从其他股东手中购买股权的权利。

有限责任公司股东要想进行股权转让，必须经过其他过半数股东同意才能正式生效。结合本案例，其他两位股东不同意 C 转让股份，则其与 D 签署的《股权转让协议》是无效的，自然就无法完成股权变更。

但是，D 并不是一点权利都没有。《股权转让协议》是其与出让股权的股东 C 自愿签订的，D 并不清楚 C 与公司其他股东之间的关系和协定，因此该《股权转让协议》虽然无效但已经成立，已在 C 与 D 之间形成了法律效力。此时，D 虽然没能得到股权，但可以根据签署的《股权转让协议》要求 C 进行赔偿。

4.3.2 夫妻一方转移、隐匿股权

在婚姻存续期间，夫妻一人或二人在公司中占有股权，除非有夫妻财产协议进行约定，否则无论股权登记在谁名下，都属于夫妻共有。在夫妻婚姻不能继续时，对于夫妻共有财产的分割会出现比较复杂的局面。因为双方感情已经破裂，其中一方私自转移财产、隐匿财产的情况也时有发生。

黄女士与孙先生于 2008 年结婚，婚后成立一家物流公司，后因资金和经营需要又引入了古先生。其中，孙先生占股 45%，黄女士占股 25%，古先生占股 30%，由孙先生担任公司董事长和法定代表人。

2013年，黄女士因怀孕从公司经营管理层退出，依法将自己持有的股份转让给丈夫。六年后，孙先生出现外遇，黄女士挽救婚姻不成，提出离婚。2019年12月，黄女士向法院提交离婚起诉书，但在法庭上孙先生出示的工商登记材料显示，其已在三个月前将股份转让给自己的父亲，并办理了工商变更登记。

黄女士认为，在自己起诉离婚后，丈夫转让股份的行为属于恶意转移财产，她准备向法院申请撤销孙先生与其父签订的《股权转让协议》。

本案中，黄女士可以向法院申请撤销得利方私自签订的《股权转让协议》，原因有三：①夫妻关系存续期间的财产属于夫妻共同财产，对夫妻共同财产的处分属于夫妻之间的重大事项，应取得夫妻双方的一致意见；②孙先生在婚姻存续期间擅自处分股权的行为属于效力待定行为，即以妻子黄女士是否同意来判定，该案中黄女士明确表示不同意孙先生单方处分股权，则该股权转让行为属于无权处分；③在孙先生转让股权期间，其父明知该夫妻即将离婚，也就不符合善意第三人身份，因此孙先生与其父的股权转让行为属于恶意串通，损害了黄女士的合法利益。

《合同法》（本法于2021年1月1日起废止）第五十二条规定："有下列情形之一的，合同无效：（一）一方以欺诈、胁迫的手段订立合同，损害国家利益；（二）恶意串通，损害国家、集体或者第三人利益；（三）以合法形式掩盖非法目的；（四）损害社会公共利益；（五）违反法律、行政法规的强制性规定。"

《中华人民共和国婚姻法》（本法于2021年1月1日起废止，以下简称《婚姻法》）第四十七条规定："离婚时，一方隐藏、转移、变卖、毁损夫妻共同财产，或伪造债务企图侵占另一方财产的，分割夫妻共同财产时，对隐藏、转移、变卖、毁损夫妻共同财产或伪造债务的一方，可以少分或不分。离婚后，另一方发现有上述行为的，可以向人民法院提起诉讼，请求再次分割夫妻共同财产。人民法院对前款规定的妨害民事诉讼的行为，依照民事诉讼法的规定予以制裁。"

4.3.3 大股东发生意外的股权继承

甲公司于 2008 年由 A、B、C、D 四人共同创立，A 为大股东，持股 67%，并担任公司董事长和法定代表人。

2014 年发生一起交通事故，A 不幸离世。小 A 是 A 的独子，刚满 21 岁，大学在读。在 A 的妻子明确表示放弃股权继承资格后，小 A 找到 B、C、D 三人，提出继承父亲的股份和职务，望公司予以协助。但 B、C、D 三人认为小 A 太年轻不足以担起重任，提出分期兑现给小 A 现金以收购其大部分股份的建议。

《公司法》第七十五条规定："自然人股东死亡后，其合法继承人可以继承股东资格；但是，公司章程另有规定的除外。"

结合本案例，只要 A 在公司的股份系生前合法财产，应当被认定为遗产，股东在公司的股东资格应由其法定继承人继承。法律这样规定的初衷是考虑以人为主，被继承人作为公司股东，对公司做出贡献，其法定继承人理应享有股东资格，这也符合我国传统。但前提是公司章程中对继承事宜没有特别约定，那么继承发生后，小 A 自然就获得了股权延伸出的财产权、管理权等，即使其他股东反对也无法改变继承的事实。

《最高人民法院关于适用〈中华人民共和国公司法〉若干问题的解释（四）》第十六条规定："有限责任公司的自然人股东因继承发生变化时，其他股东主张依据公司法第七十一条第三款规定行使优先购买权的，人民法院不予支持，但公司章程另有规定或者全体股东另有约定的除外。"

（《公司法》第七十一条第三款规定："经股东同意转让的股权，在同等条件下，其他股东有优先购买权。两个以上股东主张行使优先购买权的，协商确定各自的购买比例；协商不成的，按照转让时各自的出资比例行使优先购买权。"）

第五章 了解股权博弈的命脉

股权博弈必将有胜利方与失败方，犹如一部部商业大片，上演着各种戏码，各种失控与控制，各种控制与反控制。最终，在一次次惨痛代价之后，人们逐渐总结出一些必须要防范的错误和必须要排除的隐患。防患于未然，认识危险，控制危险，才能最终消灭危险。本章我们就开始掌控风险的旅程，首先从了解股权博弈的命脉切入。

5.1 股权运作生命线

根据《公司法》《证券法》等规定，并根据对公司的控制作用和经营管理作用，我们总结出九条对企业最为重要的"生命线"——重大事项控制线（又称"绝对控制线"）、相对控制线、一票否决权线、要约收购线、详式权益变动公告线、临时会议提议权线、重大股权变动公告线、临时提案权线、代位诉讼权线。其中的绝对控制线、相对控制线、一票否决权线、重大股权变动公告线更是"致命线"。

5.1.1 重大事项控制线

重大事项控制线是所有股权线中对股权掌握最稳定的一条线，也称为"绝对控制线"。

当股东持股比例达到67%，就等于拥有了"一票通过权"，对企业特殊决议事项形成绝对控制。

特殊决议事项包括：①重大重组；②修改公司章程；③减少或增加注

册资本；④公司合并、分立、解散、清算；⑤变更公司形式（如将有限责任公司改制为股份有限公司）；⑥在上市一年内购买、出售重大资产或担保金额超过企业资产总额30%的决议；⑦其他有关法律法规的特殊规定。应经由出席股东会/股东大会的股东所持表决权三分之二以上通过。

在具体实行时需注意以下几个问题。

（1）"三分之二"转换成百分比，不必须达到67%，还可以是66.7%、66.67%、66.667%等。

（2）"经出席会议的股东所持表决权的三分之二以上通过"，那么"以上"是否包含本数（67%、66.7%、66.67%等）？2021年1月1日起实施的《中华人民共和国民法典》（以下简称《民法典》）第一千二百五十九条规定："民法所称的'以上'、'以下'、'以内'、'届满'，包括本数；所称的'不满'、'超过'、'以外'，不包括本数。"

（3）《公司法》第四十二条规定："但是，公司章程另有规定的除外。"公司章程可自行约定一个比例，规定不按出资比例行使表决权。

1. 针对有限责任公司

《公司法》第四十三条规定："股东会的议事方式和表决程序，除本法有规定的外，由公司章程规定。股东会会议作出修改公司章程、增加或者减少注册资本的决议，以及公司合并、分立、解散或者变更公司形式的决议，必须经代表三分之二以上表决权的股东通过。"

2. 针对股份有限公司

《公司法》第一百零三条规定："股东出席股东大会会议，所持每一股份有一表决权。但是，公司持有的本公司股份没有表决权。股东大会作出决议，必须经出席会议的股东所持表决权过半数通过。但是，股东大会作出修改公司章程、增加或者减少注册资本的决议，以及公司合并、分立、解散或者变更公司形式的决议，必须经出席会议的股东所持表决权的三分之二以上通过。"

3. 针对上市公司

《公司法》第一百二十一条规定："上市公司在一年内购买、出售重大资产或者担保金额超过公司资产总额百分之三十的，应当由股东大会作出决议，并经出席会议的股东所持表决权的三分之二以上通过。"

《上市公司股东大会规则》（2015年修订）第二十三条规定："股权登记日登记在册的所有普通股股东（含表决权恢复的优先股股东）或其代理人，均有权出席股东大会，公司和召集人不得以任何理由拒绝。优先股股东不出席股东大会会议，所持股份没有表决权，但出现以下情况之一的，公司召开股东大会会议应当通知优先股股东，并遵循《公司法》及公司章程通知普通股股东的规定程序。优先股股东出席股东大会会议时，有权与普通股股东分类表决，其所持每一优先股有一表决权，但公司持有的本公司优先股没有表决权：（一）修改公司章程中与优先股相关的内容；（二）一次或累计减少公司注册资本超过百分之十；（三）公司合并、分立、解散或变更公司形式；（四）发行优先股；（五）公司章程规定的其他情形。上述事项的决议，除须经出席会议的普通股股东（含表决权恢复的优先股股东）所持表决权的三分之二以上通过之外，还须经出席会议的优先股股东（不含表决权恢复的优先股股东）所持表决权的三分之二以上通过。"

《上市公司股东大会规则》（2016年修订）第四十五条规定："公司以减少注册资本为目的回购普通股公开发行优先股，以及以非公开发行优先股为支付手段向公司特定股东回购普通股的，股东大会就回购普通股作出决议，应当经出席会议的普通股股东（含表决权恢复的优先股股东）所持表决权的三分之二以上通过。公司应当在股东大会作出回购普通股决议后的次日公告该决议。"

5.1.2 相对控制线

这条控制线的股东被称为"控股股东"。与"绝对"是相对的，即股东持有51%的股权并不意味着拥有绝对话语权。

股东持股"过半数"时，对企业的一般经营事务有决定权，可以对企业形成相对控制。这些事务包括：①企业的经营方针和投资计划；②聘请独立董事；③选举和更换由非职工代表担任的董事、监事；④决定有关董事、监事的报酬事项；⑤审议批准董事会报告；⑥审议批准监事会或监事报告；⑦审议批准企业的年度财务预算方案、决算方案；⑧审议批准企业的利润分配方案和弥补亏损方案；⑨其他需要普通决议的相关事项。

从法律层面上来说，51%只是具有相对控制权，若是涉及重大事项，如增资、减资或企业解散、注销等，持股51%并没有决定的权利，需要股东会/股东大会的股东所持表决权三分之二以上通过。

此外，必须理解"过半数"和"半数以上"的区别，《民法典》第一千二百五十九条规定："民法所称的'以上'、'以下'、'以内'、'届满'，包括本数；所称的'不满'、'超过'、'以外'，不包括本数。"由此可知，"过半数"不包含50%，"半数以上"包含50%。

1. 针对有限责任公司

《公司法》第四十三条明确规定"修改公司章程、增加或者减少注册资本的决议，以及公司合并、分立、解散或者变更公司形式的决议，必须经代表三分之二以上表决权的股东通过"，但该条第一款也规定"股东会的议事方式和表决程序，除本法有规定的外，由公司章程规定"，即一般经营事项可在公司章程中约定股东表决权通过比例。

2. 针对股份有限公司

《公司法》第一百零三条第一、第二款规定："股东出席股东大会会议，所持每一股份有一表决权。但是，公司持有的本公司股份没有表决权。股东大会作出决议，必须经出席会议的股东所持表决权过半数通过。"

3. 对内担保权

《公司法》第十六条第二、第三款规定："公司为公司股东或者实际控制人提供担保的，必须经股东会或者股东大会决议。前款规定的股东或者受前款规定的实际控制人支配的股东，不得参加前款规定事项的表决。该项表决由出席会议的其他股东所持表决权的过半数通过。"

4. 对外转股权

《公司法》第七十一条第一、第二款规定："有限责任公司的股东之间可以相互转让其全部或者部分股权。股东向股东以外的人转让股权，应当经其他股东过半数同意。"

5. 创立大会决议权

《公司法》第九十条规定："发起人应当在创立大会召开十五日前将会议日期通知各认股人或者予以公告。创立大会应有代表股份总数过半数的发起人、认股人出席，方可举行。创立大会行使下列职权：（一）审议发起人关于公司筹办情况的报告；（二）通过公司章程；（三）选举董事会成员；（四）选举监事会成员；（五）对公司的设立费用进行审核；（六）对发起人用于抵作股款的财产的作价进行审核；（七）发生不可抗力或者经营条件发生重大变化直接影响公司设立的，可以作出不设立公司的决议。创立大会对前款所列事项作出决议，必须经出席会议的认股人所持表决权过半数通过。"

5.1.3 一票否决权线

这条控制线与67%的绝对控制线是对立存在的，如果说掌握67%的股权等于拿到了"一票通过权"，那么掌握了34%的股权就等于掌握了"一票否决权"。

因为，当股东持股达到34%时，其持股量就超过了三分之一，余下的股权加起来最多只有66%，即便这66%由一人持有，也无法达到绝对控制线标准，就没有"一票通过权"。因此，当某一位股东的持股量或者其能控制的持股量达到34%，就形成了"安全性控股"或者叫"否决性控股"。正因如此，企业想要通过某项重大事宜，必须争取持股达34%的股东的同意；若是否定票达到34%，重大事宜就无法通过。

34%只是通常的表述，实际只要超过三分之一比例即可。三分之一换算成百分比，不必须达到34%，还可以是33.4%、33.34%、33.334%等。

此外，因为股份有限公司适用"出席会议"的概念，因此在股东不是全部出席会议的前提下，持股比例低于三分之一也可能构成"一票否决权"。

另外，有限责任公司可以采用同股不同权，上市公司股东大会关联方回避表决的限制，同样可以造成股权比例低于三分之一而构成"一票否决权"。

5.1.4 要约收购线

当股东持有上市公司股份达到30%时，就触发了要约收购线。该条线针对上市公司，因此也称为"上市公司控制权线"。通过证券交易所的证券交易，收购人持有一个上市公司的股份达到该公司已发行股份的30%，继续增持股份的，应当采取要约方式进行，发出全面要约或者部分要约。

也就是说，收购人要向公司所有股东发出通知，表明自己的收购意图，还要向被收购公司发出收购的公告，待被收购公司确认后，方可实行收购行为。

《证券法》（2014年修正）第八十八条规定："通过证券交易所的证券交易，投资者持有或者通过协议、其他安排与他人共同持有一个上市公司已发行的股份达到百分之三十时，继续进行收购的，应当依法向该上市公司所有股东发出收购上市公司全部或者部分股份的要约。收购上市公司部分股份的收购要约应当约定，被收购公司股东承诺出售的股份数额超过预定收购的股份数额的，收购人按比例进行收购。"

《上市公司收购管理办法》（2014年修订）第二十四条规定："通过证券交易所的证券交易，收购人持有一个上市公司的股份达到该公司已发行股份的30%时，继续增持股份的，应当采取要约方式进行，发出全面要约或者部分要约。"

《上市公司收购管理办法》（2014年修订）第四十七条第二、第三、第四、第五款规定："收购人（通过协议方式在一个上市公司中）拥有权益的股份达到该公司已发行股份的30%时，继续进行收购的，应当依法向该上市公司的股东发出全面要约或者部分要约。符合本办法第六章（豁免申请）规定情形的，收购人可以向中国证监会申请免除发出要约。收购人拟通过协议方式收购一个上市公司的股份超过30%的，超过30%的部分，应当改以要约方式进行；但符合本办法第六章（豁免申请）规定情形的，收购人可以向中国证监会申请免除发出要约。收购人在取得中国证监会豁免后，履行其收购协议；未取得中国证监会豁免且拟继续履行其收购协议的，或者不申请豁免的，在履行其收购协议前，应当发出全面要约。"

《上市公司收购管理办法》（2014年修订）第五十六条第二款规定："收购人（虽不是上市公司的股东，但通过投资关系、协议、其他安排导致）拥有权益的股份超过该公司已发行股份的30%的，应当向该公司所有股东发出全面要约；收购人预计无法在事实发生之日起30日内发出全面要约的，应当在前述30日内促使其控制的股东将所持有的上市公司股份减持至30%或者30%以下，并自减持之日起2个工作日内予以公告；其后收购人或者其控制的股东拟继续增持的，应当采取要约方式；拟依据本办法第六章的规定申请豁免的，应当按照本办法第四十八条的规定办理。"

最后补充一点，这条线也可称为"实际控制认定线"。根据《全国中小企业股份转让系统挂牌公司信息披露细则（试行）》的规定，当实际支配"新三板"公司股份表决权超过30%时，将被认定为拥有"新三板"挂牌公司的控制权。

5.1.5 详式权益变动公告线

当股东持有上市公司股份达到20%时，就触发了详式权益变动公告线。该线是一条比较复杂的股权线，主要针对上市公司，能起到四种作用。

1. 成本法与权益法的界限

根据《企业会计准则》相关规定，当股东持股比例低于20%时，则投资方对被投资公司不形成重大影响，以成本法对该项投资进行会计核算；当股东持股比例超过20%但低于50%时，则被认为对被投资公司有重大影响，要求以权益法对投资进行会计核算。

2. 重大同业竞争警示界限

上市公司的控股股东或实际控制人所从事的其他业务或控制的其他企业，与本企业所从事的业务相近，甚至同类，双方遂形成间接或直接竞争关系。对于这方面法律上没有明确的规定，但在具体操作时，通常以20%的股权关系作为重大同业竞争警示线。

3. 科创板激励的上限

科创板上市公司全部有效的股权激励计划所涉及的标的股票总数，累计不得超过公司总股本的 20%。

4.权益变动的报告界限

投资者与其"一致行动人"（通过签署一致行动人协议确定）拥有的股份达到或超过一家上市公司已发行股份的 20% 但低于 30%，应当编制"详式权益变动报告书"并进行披露。

根据《上市公司收购管理办法》第十七条的规定，"编制详式权益变动报告书"应当披露一些内容：①投资者及其一致行动人的控股股东、实际控制人及其股权控制关系结构图；②取得相关股份的价格、所需资金额、资金来源，或者其他支付安排；③投资者、一致行动人及其控股股东、实际控制人所从事的业务与上市公司的业务是否存在同业竞争或者潜在的同业竞争，是否存在持续关联交易；存在同业竞争或者持续关联交易的，是否已做出相应的安排，确保投资者、一致行动人及其关联方与上市公司之间避免同业竞争以及保持上市公司的独立性；④未来 12 个月内对上市公司资产、业务、人员、组织结构、公司章程等进行调整的后续计划；⑤前 24 个月内投资者及其一致行动人与上市公司之间的重大交易；⑥不存在本办法第六条规定的情形；⑦能够按照本办法第五十条的规定提供相关文件。

5.1.6 临时会议提议权线

当股东持有上市公司股份达到 10% 时，就触发了临时会议提议权线。该线的作用非常大，大致分为四种类型。

1.申请解散公司权线

当企业持股较多的股东因为各种矛盾因素引发"股东僵局"时，企业运转势必受到影响，此时若不彻底解决问题，小股东的利益将遭受损失。因此，《公司法》赋予小股东自我拯救的权利，即单独（一人）或合计（多人）持有公司股东表决权 10% 以上，就可以向法院立案申请解散公司。

2.召开临时股东大会权线

与上一条类似，当单独（一人）或合计（多人）持有公司股东表决权

10%以上，就有请求召开临时股东大会或召开董事会临时会议的权利，并拥有质疑、调查、起诉、清算、解散公司的诉权。因此，在设计股权架构、做股权激励、引进投资方时，要避免出现某个利益小团体的持股超过10%。

3.权益变动报告线

如果投资者及其一致行动人通过协议方式、竞价方式等，拥有了10%的新三板公司已发行的股份，应在该事实发生之日起两日内，编制《权益变动报告书》并进行披露，同时送报全国中小企业股份转让系统。而且，要求自该事实发生之日起至披露的两日内，不得再行买卖该新三板公司的股票。

4.激励总量控制线

除科创板公司外，上市公司全部有效的股权激励计划所涉及的标的股票总数累计不得超过公司总股本的10%。

在此基础上还有三种作用。

（1）股份回购最高线。公司回购股份时如因下列三种情形：①将股份用于员工持股计划或股权激励；②将股份用于转换上市公司发行的可转换为股票的公司债券；③为维护公司价值及股东权益的必须行为。则公司合计持有的本公司股份数不得超过公司总股本的10%，并应在三年内转让或注销。

（2）子公司关联方认定线。根据《上海证券交易所上市公司关联交易实施指引》的规定，法人、自然人或其他组织持有对上市公司具有重要影响的控股子公司10%以上股份，可能会导致上市公司利益向该子公司倾斜，该子公司将被认定为上市公司的关联方。

（3）特别表决权股东限制线。如果上市公司实施AB股制度，具有特别表决权的股东在公司中拥有的股份合计应当达到公司全部已发行的有表决权股份的10%以上。

5.1.7 重大股权变动公告线

当股东持有公司股份达到5%时，就触发了重大股权变动公告线。这是一条非常重要的股权线，持股比例达到5%以上的股东被称为"重要股东"，之所以"重要"有四点原因。

1. 重大股权变动警示线

为防止大户操纵股价,保护中小股东利益,《证券法》规定,当投资者持有(通过协议、其他安排与他人共同持有)一个上市公司已发行股份的 5% 时,应在该事实发生之日起三日内,向国务院证券监督管理机构、证券交易所作出书面报告,通知该上市公司并予以公告。可见,5% 的持股量如同一道看不见的红线,当投资者所持该上市公司已发行股份比例每增加或者减少 5%,应当依照规定进行公告。公告后两日内,不得再行买卖该上市公司的股票。这种行为业内称为"举牌"。

2. 短线交易认定线

《证券法》(2014 年修正)第四十七条规定:"上市公司董事、监事、高级管理人员、持有上市公司股份百分之五以上的股东,将其持有的该公司的股票在买入后六个月内卖出,或者在卖出后六个月内又买入,由此所得收益归该公司所有,公司董事会应当收回其所得收益。但是,证券公司因包销购入售后剩余股票而持有百分之五以上股份的,卖出该股票不受六个月时间限制。"这种时间跨度不足六个月的交易称为"短线交易",受限的是持股达到 5% 的股东。

3. 股东披露线

《上市公司大股东、董监高减持股份的若干规定》中有规定,上市公司大股东计划通过证券交易所集中竞价交易减持股份,应当在首次卖出的十五个交易日前向证券交易所报告,并预先披露减持计划。减持计划实施完毕后,也应向证券交易所报告,并予公告;在预先披露的减持时间区间内,未实施减持或者减持计划未实施完毕的,应当在减持时间区间届满后的两个交易日内向证券交易所报告,并予公告。

4. 外资备案线

外资投资的上市公司在外资持股比例累计超过 5% 时,就外资投资者的基本信息和股权变更事项办理备案。

5.1.8 临时提案权线

《公司法》第一百零二条第二款规定:"单独或者合计持有公司百分之

三以上股份的股东，可以在股东大会召开十日前提出临时提案并书面提交董事会；董事会应当在收到提案后二日内通知其他股东，并将该临时提案提交股东大会审议。临时提案的内容应当属于股东大会职权范围，并有明确议题和具体决议事项。"

也就是说，当股东拥有的股份达到3%时，就拥有临时提案的资格和权利。提案对公司股东大会的召开有着相当大的影响，是必须要得到解决的。

股东提案权是指股东可以向股东大会提出供大会审议或表决的议题或者议案的权利。该项权利能够保证少数股东将其关心的问题提交给股东大会讨论，有助于提高少数股东在股东大会中的主动地位，实现对公司经营的决策参与、监督与纠正作用。

该线既能保证小股东能够有机会提出议案，也能确保股东大会及其他股东有充分的时间审议、表决议案。

5.1.9 代位诉讼权线

当股东持股量达到公司总股本的1%，就拥有间接的调查权与起诉权。《公司法》第一百五十一条第一、第三款规定："董事、高级管理人员有本法第一百四十九条规定的情形的，有限责任公司的股东、股份有限公司连续一百八十日以上单独或者合计持有公司百分之一以上股份的股东，可以书面请求监事会或者不设监事会的有限责任公司的监事向人民法院提起诉讼；监事有本法第一百四十九条规定的情形的，前述股东可以书面请求董事会或者不设董事会的有限责任公司的执行董事向人民法院提起诉讼。他人侵犯公司合法权益，给公司造成损失的，本条第一款规定的股东可以依照前两款的规定向人民法院提起诉讼。"

代位诉讼发生有三个前提：①董事、高管违法违规损害企业利益；②监事违法违规损害公司利益；③前两项都出现问题，公司股东以自己的名义直接向法院提起诉讼。

这条线也称为"独立董事提议线"和"单个对象股权激励上限"。单独或合并持有上市公司已发行股份1%以上的股东，具有提出独立董事候选人的权利。根据《上市公司股权激励管理办法》的规定，非经股东大会特别决议批准，任何一名激励对象通过全部有效的股权激励计划获授的本公司股票，累计不得超过本公司总股本的1%。

5.2 股权结构的衡量标准

虽然没有绝对的最优股权结构，但是可以对股权结构进行一定程度上的衡量，在此推荐两个衡量指标——集中度指标和制衡度指标。

5.2.1 股权集中度指标

衡量股权集中度的指标主要有 CR_n 指数和 H 指数。

CR_n 指数是指公司前 n 位股东持股比例的总和，如 CR_n 代表公司前三位股东的持股比例总和。CR_n 越小，说明公司的股权越分散，反之则表示公司的股权越集中。

H 指数是指公司前 n 位股东的持股比例的平方和，是 CR_n 指数的有利补充。如果两家公司前 n 位股东的持股比例之和相同，便难以区分两家公司股权分布的差异。H 指数弥补了这项不足，因为小于 1 的数进行平方，会使差异显著化，便于反映出股权在分布上的不平衡。H 指数越大，表示公司的股权越集中，反之则表示公司的股权越分散。

下面是甲公司和乙公司进行 CR_n 指数和 H 指数的对比（见表5–1）。

表5–1　甲公司和乙公司的CR_n指数与H指数对比　　单位：%

甲公司			乙公司		
股东	持股比例	持股比例平方	股东	持股比例	持股比例平方
A	45	0.20	A	35	0.12
B	25	0.06	B	30	0.09
C	20	0.04	C	25	0.06
D			D		
合计	90	H=0.30	合计	90	H=0.27

该表中，甲公司和乙公司的 CR_n 都等于90%，因此无法判断两家公司

股权分布的差异。但是,通过计算 H 指数,就很清晰地知道甲公司的股权集中度比乙公司略高。

在公司股东人数较少的情况下,通过直观判断也能知道股权集中度情况,但如果公司股东人数较多,就需要通过计算才能判断。

5.2.2 股权制衡度指标

衡量股权制衡度的指标主要是 Z 值指数和 CN_n 指数。

Z 值指数是指公司第一大股东持股比例与第二大股东持股比例之比。Z 值越大,表示第二大股东对第一大股东的制衡力越弱,反之则表示第二大股东对第一大股东的制衡力越强。当 Z 值接近 1 时,表明第一大股东和第二大股东持股比例相近,公司不是由最大股东单独控制。

CN_n 指数表示公司第二至第 n 位股东的持股比例之和与第一大股东的持股比例之比。例如,CN_6 表示公司第二至第六大股东的持股比例之和与第一大股东持股比例的比值。CN_n 越大,表示该公司的股东制衡程度越高,反之则表示股东制衡程度越低。

下面是甲公司和乙公司进行 Z 值指数和 CN_n 指数的对比(见表 5-2)。

表5-2 甲公司和乙公司的Z值指数与CN_n指数对比 单位:%

甲公司		乙公司	
股东	持股比例	股东	持股比例
A	45	A	35
B	25	B	30
C	20	C	25
D	10	D	10
Z值	1.8	Z值	1.17
CN_n指数	1.22	CN_n指数	1.86

该表中,甲公司的 Z 值为 1.8,乙公司的 Z 值为 1.17,乙公司的 Z 值小于甲公司,说明乙公司第二大股东对第一大股东的制衡力更强。甲公司的 CN_4 为 1.22,乙公司的 CN_4 为 1.86,乙公司的 CN_4 大于甲公司,说明乙公司内股东制衡程度更高。

5.3 股权结构的常规类型

股权结构的类型非常多，其中的差异要结合企业自身情况。某种股权结构适合 A 公司，却不一定适合同行业、同规模的 B 公司，因为各公司内部的情况千差万别。基于这样的现实，我们仅列出股权结构的广义类型，至于各公司具体应该采用哪一种股权结构或者哪几种股权结构的结合体，都应以公司具体情况为准，并在实行过程中不断改进完善。

我们将正确的、对企业发展有助益的股权结构概括为三大类，分别是单层股权结构、双层股权结构和多层股权结构。

5.3.1 单层股权结构

由自然人股东直接持股主体公司的股权结构，也是大多数中小微企业和初创企业普遍采用的股权结构（见图5-1）。

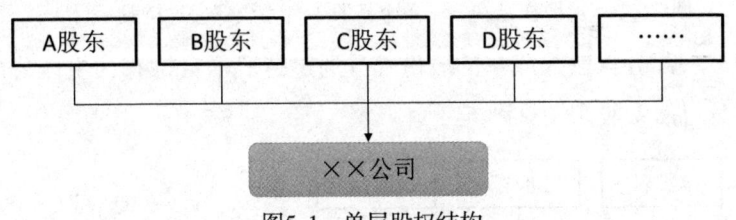

图5-1 单层股权结构

单层股权结构直观度最好，股权分配一目了然，没有任何中间机构，因此股权操作非常容易，适用于股东人数较少的中小微企业和初创企业。随着公司发展壮大，股东人数势必会增加，尤其是重要股东意见不一致时，会增加股东会/股东大会的通知、召集和主持的工作量。因此，当公司股东人数较多时，不建议继续采用单层股权结构。

5.3.2 双层股权结构

主体公司不是全部由自然人直接持股，而是嵌套一层持股平台。在初创企业、中小微企业在发展成集团公司或上市公司的过程中，由于融资增加了外部投资者，又因股权激励增加了员工持股，单层股权结构逐渐不再适用，演变成双层股权结构甚至多层股权结构在所难免。

双层股权结构的关键在于持股平台，因此可分为两类。

1. 单个持股平台

主体公司内嵌套一个持股平台，自然人股东的股份全部或部分通过持股平台持有，分为全部通过持股平台模式和部分通过持股平台模式。

（1）所有自然人股东的股份全部通过持股平台持有，主体公司没有自然人股东（见图5-2）。

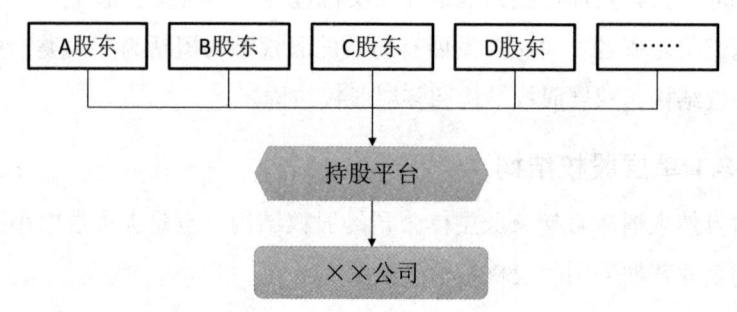

图5-2 双层股权结构——单个持股平台（全部通过持股平台）

（2）一部分自然人股东的股份部分通过持股平台持有，主体公司内仍保留部分自然人股东（见图5-3）。

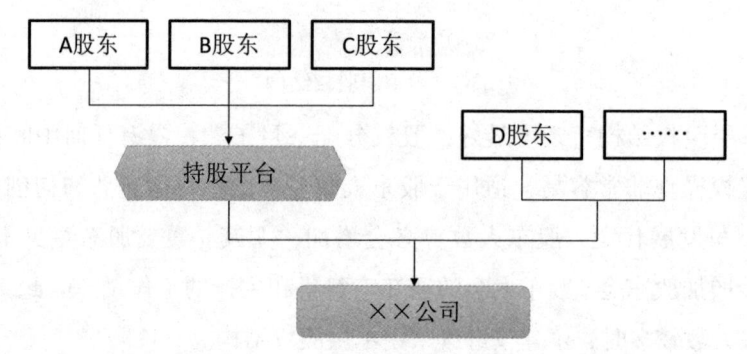

图5-3 双层股权结构——单个持股平台（部分通过持股平台）

2. 多个持股平台

主体公司内嵌套两个及以上同层持股平台，自然人股东的股份全部或部分通过持股平台持有，也分为全部通过持股平台模式和部分通过持股平台模式（图示中仅以嵌套两个同层持股平台为例）。

（1）所有自然人股东的股份全部通过持股平台持有，主体公司没有自然人股东（见图5-4）。

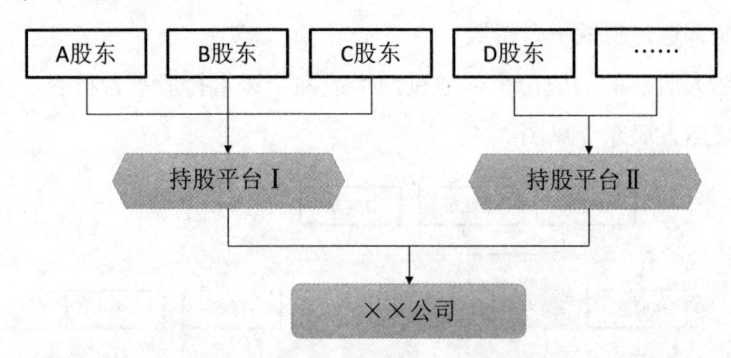

图5-4 双层股权结构——多个持股平台（全部通过持股平台）

（2）一部分自然人股东的股份部分通过持股平台持有，主体公司内仍保留部分自然人股东（见图5-5）。

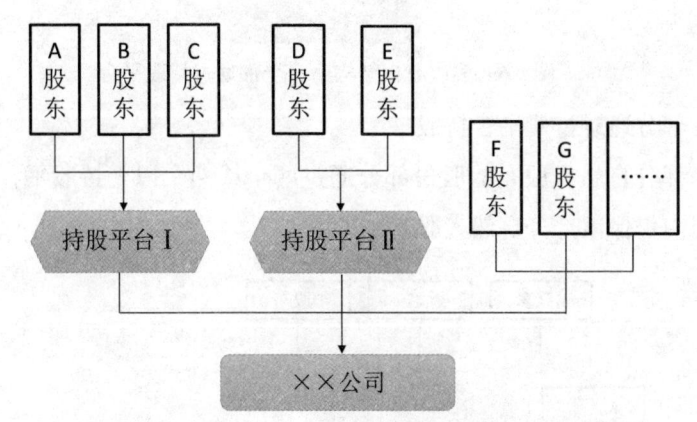

图5-5 双层股权结构——多个持股平台（部分通过持股平台）

5.3.3 多层股权结构

主体公司不是全部由自然人直接持股，而是嵌套两层或两层以上的持股平台。多层股权结构一般层级较多，股权结构比较复杂，大型企业几乎都采用三层或三层以上股权结构。从理论上讲，股权结构可以无限层级嵌套,但层级越多,管理难度也越大,很多公司为了特殊目的设置了多层嵌套持股平台,持股平台多是空壳公司,并不实际经营。

多层股权结构的关键在于持股平台,因此可分为两类(图示中仅以三层股权结构为例)。

1. 全部通过持股平台持股

自然人股东的的股份全部通过两个或两个以上持股平台持有,主体公司没有自然人股东(见图5-6)。

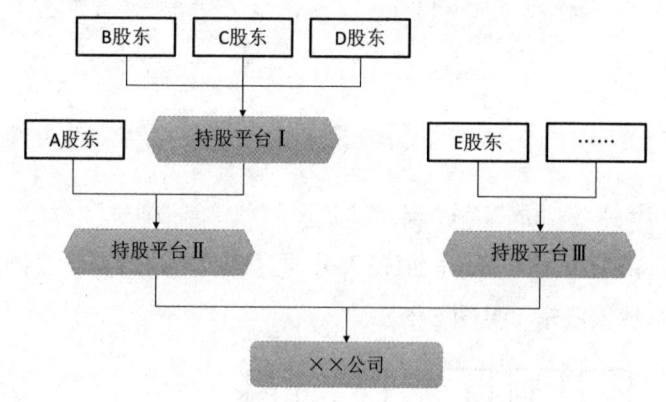

图5-6 多层股权结构——全部通过持股平台

2. 部分通过持股平台持股

一部分自然人股东的股份部分通过两个或两个以上持股平台持有,主体公司内仍保留部分自然人股东(见图5-7)。

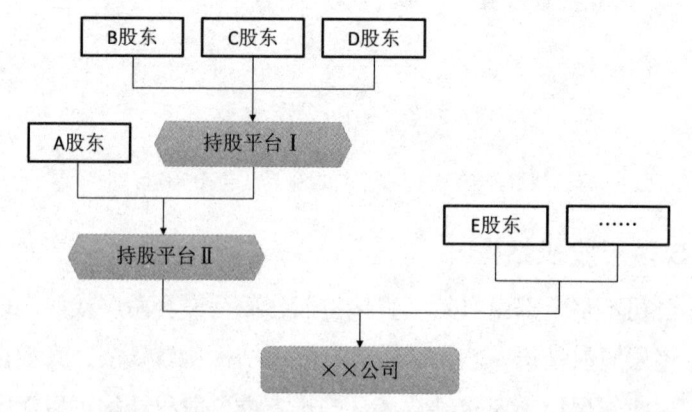

图5-7 多层股权结构——部分通过持股平台

破局

第六章 公司章程控制策略

公司章程控制是企业成立与赖以生存的底层系统。《公司法》也肯定公司章程对于企业的作用，该法中多处出现的"公司章程另有规定的除外"等于肯定了除《公司法》强制性规定的以外，公司章程优先于《公司法》。因此，从公司章程层面掌握公司是非常好的选择，可以避免很多不必要的争端。

6.1 公司章程的价值和意义

公司章程是公司的宪章，具有法定性，与《公司法》一样，共同肩负调整公司活动的责任。作为公司组织与行为的基本准则，公司章程对公司的成立、运营、控制具有十分重要的意义。因此，公司章程的设计必须严谨、周密，同时合法、合规，保障公司所有利益人的利益。

6.1.1 公司章程的概念

《公司法》第二十三条规定："设立有限责任公司，应当具备下列条件：……（三）股东共同制定公司章程。"

《公司法》第二十九条规定："股东认足公司章程规定的出资后，由全体股东指定的代表或者共同委托的代理人向公司登记机关报送公司登记申请书、公司章程等文件，申请设立登记。"

公司章程是公司依法制定的，规定了公司名称、地址、经营范围、法定代表人、注册资本（股本）、股东会/股东大会、经营管理制度等重大事项的基本文件，是公司必备的规定公司组织及其活动基本规则的书面文件，也是公司设立时必备的最基本条件和最重要的法律文件。公司章程是股东共同一致的意思表示，载明了公司组织和活动的基本准则，是公司的宪章。

对于有限责任公司和股份有限公司的公司章程区别，《公司法》中有明确规定。

《公司法》第二十五条规定："有限责任公司章程应当载明下列事项：（一）公司名称和住所；（二）公司经营范围；（三）公司注册资本；（四）股东的姓名或者名称；（五）股东的出资方式、出资额和出资时间；（六）公司的机构及其产生办法、职权、议事规则；（七）公司法定代表人；（八）股东会会议认为需要规定的其他事项。股东应当在公司章程上签名、盖章。"

《公司法》第八十一条规定："股份有限公司章程应当载明下列事项：（一）公司名称和住所；（二）公司经营范围；（三）公司设立方式；（四）公司股份总数、每股金额和注册资本；（五）发起人的姓名或者名称、认购的股份数、出资方式和出资时间；（六）董事会的组成、职权和议事规则；（七）公司法定代表人；（八）监事会的组成、职权和议事规则；（九）公司利润分配办法；（十）公司的解散事由与清算办法；（十一）公司的通知和公告办法；（十二）股东大会会议认为需要规定的其他事项。"

6.1.2 公司章程的法律意义

公司章程一经有关部门批准，并经公司登记机关核准，即对外产生法律效力。公司依公司章程享有各项权利，并承担各项义务，符合公司章程的行为受国家法律保护，违反公司章程的行为将受到相关机关的干预和处罚。

公司章程作为公司的自治规范，由三方面内容所决定。

（1）公司章程作为一种行为规范，不是由国家而是由公司股东依据《公司法》自行制定的。因为《公司法》只能规定公司的普遍性问题，不可能顾及各个公司的特殊性，而各公司依照《公司法》制定的公司章程最能反映本公司的情况，为公司提供行为规范。

（2）公司章程是一种法律外的行为规范，由公司自行约定，自己执行，无须国家强制力保障实施。当出现违反公司章程的行为时，若该行为违反法律、法规，则有关部门有权进行干预和处罚；若该行为不违反法律、法规，可由公司内部自行解决，当公司内部无法解决时，可诉诸法律手段。

（3）公司章程作为公司内部的行为规范，其效力仅限于公司范围内和相关当事人，而不具有普遍约束力。

6.1.3 公司章程的基本特征

公司章程具有法定性、真实性、自治性和公开性的基本特征。其中，法定性是核心，真实性是根本，自治性是法律赋予的权利，公开性是存在的必要条件（针对股份有限公司）。

（1）法定性主要强调公司章程的法律地位，其主要内容、修改程序和效力都由法律强制规定。

（2）真实性主要强调公司章程记载的内容必须是客观存在的、经各方一致同意的与实际相符的事实。

（3）自治性主要体现在三个方面：①公司章程不是由国家而是由公司依法自行制定，是公司股东意思表示的呈现；②公司章程由公司自行执行，无须国家强制力保障施行，其效力仅涉及公司内和相关当事人；③任何外界都无权干涉公司制定本公司章程。

（4）公开性主要针对股份有限公司的章程，其内容不仅要对投资人公开，也包括对债权人在内的一般社会公众公开。

6.2 运用公司章程控制公司

《公司法》中常见"公司章程另有规定的除外"，这句话体现了法律强制性规范和任意性规范并举的原则。《公司法》对股东之间的意思自治表现出极大的尊重和支持，对股东自愿达成的公司章程中的一些条款持开放态度，表现了法律法规对公司管理的少干预。但开放是相对的，并不是股东间任何自由约定都有效，公司章程不能自由约定所有条款。

比如，某公司法定代表人希望通过公司章程约定若企业出现刑事问题，责任须由所有股东按照股权比例共同承担。这种行为违反了法律的强制性规定，没有法律效力。从刑事责任角度看，如公司作为犯罪主体，刑法对企业犯罪的绝大多数情况采取双惩制，追究直接负责的主管人员（在犯罪中起决定、批准、受益、纵容、指挥作用的人员）和其他直接负责人的刑事责任，因此刑事追责与股权比例没有关系。

可见，公司章程不能随意约定，要基于法律允许的范围内。

6.2.1 公司章程有效约定

公司章程可以进行哪些约定呢？我们不能一一列举，以《公司法》为依据将具有代表性的内容列出，仅供参考。（下文中所写"本法"即《公司法》）

召开股东会会议，应当于会议召开十五日前通知全体股东，但是，公司章程另有规定或者全体股东另有约定的除外。

——应在公司章程中对通知的时间、地点、通知方式和审议事项进行明确约定。

股东会的议事方式和表决程序，除本法有规定的，另由公司章程约定。

——股东会议事规则涉及内容较多，建议作为公司章程附件，单列出"股东会议事规则"文件，内容可包括股东会的职权、首次股东会、会议的次数和通知、会议的出席、会议的召集和主持、会议召集的例外、决议的形成、表决程序、非会议形式产生决议的条件、会议记录。

股东会会议由股东按照出资比例行使表决权，但是，公司章程另有规定的除外。

——表决权是行使股东权利的核心，有限责任公司属于人合性和资合性的集合体，公司章程可以对表决权规则进行创新性规定，即与《公司法》规定的按照出资比例行使表决权不同。如不按照出资比例，实行一人一票；或不按照出资比例，而是以对公司的贡献和重要度，重新分配百分比表决权。

有限责任公司的股东之间可以相互转让其全部或者部分股权。公司章程对股权转让另有规定的，从其规定。

——公司章程可以对股权转让进行个性化规定，如公司成立 N 年内，任何人不得转让股权；股东死亡后，其合法继承人不能直接取得股权，其他股东可以主张优先购买，放弃购买的，合法继承人才可以继承。

公司章程对投资或者担保的总额即单项投资或者担保的数额有限额规定的，不得超过规定的限额。

——应在公司章程中对投资的方向、种类、数额及权限进行明确约定。

公司为公司股东或者实际控制人提供担保的，必须经股东会或股东大会决议。

——应在公司章程中对担保对象、担保方式、担保数额进行明确约定。

6.2.2 有限责任公司章程中如何分配分红权和表决权

表决权是股东基于其股东资格和股东地位依法享有的就股东会方案做出具体表示的权利，股东通过表决权达到实现其股东权利、支配公司、监督管理层和实现自身权益的目的。

分红权也是股东的盈余分配权，是股东基于公司股东的资格和地位而享有的请求公司向自己分配股利的权利。

表决权和分红权是公司运营的重要内容。通常情况下，公司章程中会涉及表决权与分红权的相关内容。

窦先生具备深厚的 VR 技术研发能力，姜女士具有一定的资金实力。两人达成合作创业意向，成立一家有限责任公司，姜女士出资 180 万元，窦先生出资 20 万元，股权分配按照出资比例划分，即姜女士占 90%，窦先生占 10%。同时约定公司年终分红时，窦先生得 60%，姜女士得 40%。但双方就分红方案并未在公司章程中体现，而是口头约定。

仅执行一年的约定分红比例后，姜女士便以公司发展更以资金和资源为主，不再同意履行之前约定的分红比例。几经协商无果，窦先生准备向法院起诉，但律师告诉他胜诉概率很小，因为分红比例并未形成书面方案。这时窦先生才明白，当初应该在公司章程中写明分红比例的。

我国《公司法》允许股东自由协商，并在公司章程中自行约定表决权比例和分红权比例。

《公司法》第三十四条规定："股东按照实缴的出资比例分取红利；公司新增资本时，股东有权优先按照实缴的出资比例认缴出资。但是，全体股东约定不按照出资比例分取红利或者不按照出资比例优先认缴出资的除外。"

如果公司章程不另作约定，有限责任公司股东的出资比例与表决权和分红权比例相同。但在公司意思自治的原则下，股东可以根据自己的意思自主决定经营领域的经营活动而不受法律的强制性约束。股东的表决权比例和分红权比例属于公司股东意思自治的范畴，由于股东对公司的付出与贡献并不局限于出资，因此按照出资比例行使表决权和分红权虽是原则，但是也应根据实际情况灵活变动。

6.2.3 利用公司章程否决股东会决议

三亚保力房地产投资开发有限公司（以下简称保力公司）成立于2007年，注册资本2000万元，分别由海南天久置业有限公司（以下简称天久置业）持股90%，宝恒投资有限公司（以下简称宝恒投资）持股10%。

在共同设定的保力公司公司章程中有如下规定。

（1）（公司章程第三条）保力公司的公司注册资本为2000万元。公司增加或减少注册资本，必须召开股东会由全体股东通过并做出决议。

（2）（公司章程第八条）股东会议事规则中规定，增加或减少注册资本，由代表三分之二以上表决权的股东表决通过。

保力公司在三亚投资开发"俄罗斯旅游度假城"项目，建筑面积达35.6万平方米。双方合作多年后摩擦不断，天久置业希望对"俄罗斯旅游度假城"项目进行分割处理。

保力公司自2013年的多次股东会会议和董事会会议产生的决议均被宝恒投资向法院申请撤销。

2014年3月,保力公司又召开临时股东会会议,审议"俄罗斯旅游度假城"项目的分割建设方案,以及公司的增资方案和融资方案等。宝恒投资接到会议通知后表示,已向法院申请解散保力公司,所以拒绝参加此次临时股东会会议。

2014年5月20日,在宝恒投资缺席的情况下,保力公司再次召开股东会会议,决议将公司注册资本增加至1.2亿元,按比例天久置业增资9000万元、宝恒投资增资1000万元。但宝恒投资没有参加此次股东会会议,也未进行表决,那么持股90%的大股东是否可以决定公司增资?

宝恒投资向法院起诉请求撤销上述股东会决议,海南省高级人民法院二审审理认为:

(1)保力公司章程第三条规定增加注册资本须全体股东表决通过,而第八条却规定三分之二以上表决权的股东通过即可,同一份公司章程两处地方存在矛盾。公司章程的第三条为有关公司注册资本的特别约定,第八条为公司股东会议事项规则的一般约定。在同一个公司章程中,特别约定应优先于一般约定,所以保力公司股东会对增加或减少注册资本的决议,按公司章程第三条规定须由全体股东表决通过。

(2)宝恒投资未出席股东会也未行使表决权,仅由持股90%的天久置业同意通过,没有满足公司章程规定全体股东通过的规定。

最终,法院支持宝恒投资的请求,判决撤销上述股东会决议。

6.2.4 多份公司章程的认定

2003年8月14日,南京东宇运输有限公司(以下简称东宇公司)为了组建南京红木棉运输有限责任公司(以下简称红木棉公司),作出以下董事会决议:

(1)以土地作为股份(土地评估价)加入新组建的红木棉公司。

(2) 此股份只享受分红权，不行使表决权。

2004年5月，东宇公司为组建红木棉公司向职工进行内部募股，发出《认资（股）说明书》：红木棉公司注册资金1000万元，东宇公司用土地使用权出资615万元，所持股权性质为身份股，有所有权和分红权，放弃表决权；其他普通股股东以现金出资385万元，股东有所有权、分红权和表决权。

2004年5月，红木棉公司成立，股东共包括十名自然人和一名法人股东（东宇公司）。

2004年6月5日，各股东联合签订一份《组建红木棉公司的协议书》。协议约定：

（1）除东宇公司以土地使用权作价出资外，其他股东以货币出资。

（2）公司总股本为1000万股，其中土地使用权身份股605.7万股，股东有所有权和分配权，放弃表决权；普通股股东以现金出资认购394.3万股，股东有所有权、分配权和表决权。

就在同一天，红木棉公司全部股东签订了公司章程，（第一份）规定：

（1）东宇公司的出资方式为土地使用权，出资额605.7万元，占注册资本的60.57%；其他十位股东以现金出资，出资额共为394.3万元，占注册资本的39.43%。

（2）其中土地使用权身份股605.7万股，股东有所有权和分配权，放弃表决权；普通股股东现金出资认购394.3万股，股东有所有权、分配权和表决权。

（3）股东有权根据出资份额享有表决权（身份股股东除外）。

（4）公司登记事项以公司登记机关核定的为准。

该份公司章程是基于全部股东的意愿自愿签署的，约定东宇公司放弃表决权，意味着另外39.43%的小股东可以代表100%的表决权。但在接下来办理工商登记时，事情出现了反转。起因是《公司法》第二十七条第二款规定："对作为出资的非货币财产应当评估作价，核实财产，不得高估或者低估作价。"但东宇公司用于出资的土地使用权并未经过评估作价，因此无法通过工商部门审核。为了快速通过工商部门的审核，当时按照代办人员提供的公司章程样本进行填报。于是，2004年6月8日，红木棉公司另行签署了一份应急公司章程（第二份），用于进行工商登记。该公司章程内有如下规定：

（1）东宇公司出资605.7万元（其中，以无形资产出资500万元，现金出资105.7万元），占注册资本的60.57%；另十人均以现金出资，出资额共为394.3万元，占注册资本的39.43%。

（2）股东会会议由股东按照出资比例行使表决权。

2005年5月26日，红木棉公司在2004年6月8日版公司章程（第二份）的基础上将公司章程修改为（第三份）：股东均以现金出资。东宇公司出资605.7万元，占注册资本的60.57%；另十人共出资394.3万元，占注册资本的39.43%。并按此办理了公司章程修正案的工商变更登记手续。

2010年10月16日，红木棉公司举行股东大会，东宇公司按之前的约定放弃表决权。

但在2012年8月28日的股东会会议后，东宇公司不愿意再放弃表决权，为此引发争议起诉到法院。原被告双方的争议焦点是：东宇公司是否具有表决权？

《公司法》第四十二条规定："股东会会议由股东按照出资比例行使表决权；但是，公司章程另有规定的除外。"

《公司法》第四十三条第一款规定："股东会的议事方式和表决程序，除本法有规定的外，由公司章程规定。"

就是说，出资与表决权可以适度分离，法律并不禁止股东放弃自己的表决权，但具体要看公司章程如何规定。那么，红木棉公司的公司章程是如何制定的呢？因为前后签署了多份公司章程，以哪个为准？

在2004年6月5日签署的公司章程中，东宇公司放弃表决权，但该公司章程没有在工商局备案。

在2004年6月8日签署的公司章程中，股东根据出资份额行使表决权，没规定东宇公司放弃表决权，该份公司章程已在工商局备案。

虽然2004年6月8日版的公司章程是为应对法律要求制定的，但是已经股东签署，又经工商局备案。持相反意见的股东没有证据证明该份公司章程仅用于工商登记备案而不代表股东的真实意愿。而且，该份公司章程签订时间在后，即便参考2004年6月5日版的公司章程，其中还有"公司登记事项以公司登记机关核定的为准"的条款。

所以，综合公司章程的签订时间和内容考虑，应以2004年6月8日版的公司章程为准，而该版本公司章程没有约定东宇公司放弃表决权。最终，法院判决东宇公司具有对红木棉公司股东会的表决权。

本以为只是为了通过工商局的备案而另签一份假的公司章程，没想到弄假成真。但本案的关键除了在工商局备案外，还有签订时间，通常签订时间在后的公司章程即便未在工商局登记备案，也具有法律效力。

甲公司共有A、B、C、D四位股东，B担任总经理、法定代表人。于2011年8月13日制定公司章程并到工商局备案，2016年11月11日对公司章程进行修改并到工商局办理备案手续。

2018年10月，甲公司爆发总经理争夺战，被免职的B出示了一份2017年8月1日签署的公司章程，其中某些约定对B有利，该份公司章程已经四位股东签字，但未在工商局备案。

另外三位股东认为B出示的这份公司章程没有在工商局备案，不具备法律效力。

法院审理认为：

2017年8月1日的公司章程虽未在工商局备案，但并不影响公司出于内部治理需要在原公司章程基础上重新订立公司章程。该份公司章程虽没有在工商局备案，但已经四位股东签名，而且比2016年11月11日在工商局备案的公司章程签署时间在后，所以认定2017年8月1日签署的公司章程对签名股东具有约束力。

B最终借助这份公司章程打赢官司，保住了总经理、法定代表人的职位。

第七章 合伙制企业控制策略

合伙企业的控制策略需从深度了解合伙企业、设计持股平台和设计股权退出机制三方面切入。当然,这并非合伙企业控制策略的全部,却是核心的三部分。只要将这三部分掌握到位,就可将股权风险降到最低。

7.1 合伙制企业的独特性

合伙制企业有着独立于其他经营模式的"自己的性格",区别于传统的公司,作为企业的经营者不能直接地将合伙制看成以往公司经营模式的延续。

7.1.1 合伙制与公司的区别

合伙制企业和公司首先在定义上有所不同。合伙企业是两个以上合伙人共同出资、共同经营、共担风险、共享利益的营利性组织。公司是指全部资产由股东出资构成,股东以其出资额度或所持股份额度为限,对公司承担相关责任。

除了概念上的不同以外,合伙企业和公司还有另外四方面的不同。

1. 设立的基础不同

合伙人企业的设立基础必须建立在合伙协议上。在协议中包括了管理方式、分红模式、设立程序等。因为协议是由全体合伙人一致达成的,因此只对本协议的订立者具有约束力。可见,合伙企业具有较高的自由度,法律的强制规定也不多。

公司的设立基础必须以国家的法律法规为准。任何规定都需在章程中有所体现，因此公司的自由度相对较低，公司所受的强制规定较多。

2. 法律人格不同

合伙企业与公司具有完全不同的法律地位。合伙企业没有独立的法人，企业的财产归全体合伙人共有，企业不存在独立财产，因此合伙人不具备独立承担财产风险的责任。

无论是有限责任公司还是股份有限公司都必须有独立法人，因此公司的财产归公司所有，公司独立承担财产责任。

3. 处理内外部事务的形式不同

在合伙制企业中，各合伙人在执行合伙企业事务上具有同等权利，既可以共同执行，也可以根据合伙协议或全体合伙人议定，委托其中一位或几位合伙人执行企业事务。

公司是独立且健全的机构性组织，在内外部事务的处理上，应依照法律规定，由法人出面解决。

4. 股权转让的自由度不同

合伙企业中，合伙人之间具有很强的信任关系，而且有合伙协议作为保障，决定了合伙人在出资、转让和撤资时不受严格限制，具有相当大的自由度。

公司股东在出资后，在不符合条件的情况下不可主张退股。因此，公司出资、转让和退股的自由度很小。

7.1.2 合伙企业的特点和优势

合伙企业具有五个显著特点：协议为准、责任无限、互相代理、财产共有、利益共享。必须注意，这些条件是合伙企业存在的充分不必要条件——具备这些条件的企业必然是合伙企业，但合伙企业不一定必须同时具备这些条件。

1. 协议为准

创办合伙企业比较容易，合伙人之间签订协议即可宣告成立。当企业经营期间出现新合伙人加入、旧合伙人退出或死亡等变更情况，均以合伙协议的约定为准。因此，这项特点也被称为"生命有限"。

2. 责任无限

合伙企业作为一个整体对债权人承担无限责任。按照合伙人对合伙企业的责任，分为普通合伙和有限合伙。普通合伙的合伙人均为普通合伙人，对合伙企业的债务承担无限连带责任。由于承担的责任不同，拥有的权利也不同，有限合伙人并不直接参与企业的经营管理。

3. 互相代理

合伙企业的经营决策由合伙人共同完成，因此合伙人企业的每位合伙人都具有执行和监督的权利。基于这样的组织形式，合伙人之间若未能形成一致意见，则很有可能发生纠纷。于是，合伙人推举制应运而生，共同推举出一名负责人，代表企业进行经营，但责任仍由全体合伙人共同承担。同时，任一合伙人所发生的经济行为对所有合伙人均有约束力。

4. 财产共有

每位合伙人投入的财产，由合伙人统一管理和使用。未经其他合伙人同意，任何合伙人不得将合伙财产移作他用。当合伙人不提供资本出资，只提供劳务出资时，其只能享受一部分利益，也无权分享合伙财产。

5. 利益共享

合伙企业在经营活动中获取的一切财产，皆归合伙人共有。如有亏损也由合伙人共同承担。损益分配的比例应在合伙协议中明确规定，如未注明可按合伙人出资比例分摊，亦可平均分摊。另外，以劳务出资的合伙人，除非另有规定，否则不分摊损失。

上述是合伙企业的特点，从中可以看出一些相对于传统经营模式的优势，其实合伙企业之所以受到推崇，就是因为其自身具有不可撼动的优势。为了更清晰地展现其优势，以表格形式罗列出来（见表7-1）。

表7-1 合伙企业的优势

优势	具体解释
资金优势	相对于独资，共同出资更利于资金链的稳定；相对于与上下游各自为战，导致资金质押，进行上下游间合伙，资金问题会得到极大改善

续表

优势	具体解释
人才优势	合伙企业能吸引各层各类人才，解决人才不足、人才难留和人才不够忠诚的问题
产品优势	彻底解决传统经营中产品创新遭遇瓶颈的问题，合伙企业可以充分发挥优势，吸引小而美的创新产品加入，能提升企业活力
管理优势	合伙企业由合伙人共同管理，增强了信息来源，合伙人之间可以相互监督、相互促进
决策优势	经营决策的过程以讨论代替"一言堂"，极大地减少经营失误率
效率优势	合伙企业中，管理者与执行者甚至普通员工在一定程度上能够共享利益，因此员工的工作积极性得到极大增强，工作效率自然提升
团队优势	合伙企业有助于实现团队的强裂变，等于在本就强大的团队基础上，又裂变出了另一个强大的团队，这种裂变可以无限延展开
业绩优势	当合伙企业解决了人才、产品、管理、决策、效率、团队等一系列难题后，企业业绩必将大幅提升

7.2 合伙制持股平台模式

合伙制激励模式是以企业的形式出现的，合伙人置于企业之内。若仅凭理论介绍十分晦涩难懂，因此本节结合实际案例具体说明。通常来说，合伙制激励的模式主要有两种：一种是母公司作为持股平台的合伙人持股计划模式，另一种是子公司项目跟投机制的合伙人持股计划模式。

7.2.1 母公司作为持股平台的合伙人持股计划模式

美的集团股份有限公司（以下简称美的集团）自2013年上市以来，以"产品领先、效率驱动、全球经营"战略主轴为指引，深化转型，聚焦产品力与效率提升，企业盈利能力与经营质量持续增强。

美的集团的合伙人持股计划如下：

1.参与人员及份额（共计15人）

（1）公司总裁、副总裁（有5人，含兼任事业部总经理人员2人）；

（2）公司下属事业部及经营单位的总经理；

（3）对公司经营与业绩有重要影响的核心责任人（其他高管）。

2. 参与方式及计划期

（1）参与方式。本期持股计划存续期内，公司以配股、增发、可转债等方式融资时，由本期"持股计划管理委员会"（以下简称"管理委员会"）商议是否参与融资及资金的解决方案，并提交本期持股计划的持有人会议审议。

（2）计划期。分为三个阶段：①存续期——自公司董事会审议通过之日起四年，存续期届满后，可由"管理委员会"提请董事会审议通过后延长。在此期间，若对持股计划进行重大实质性变更，需经出席"持有人会议"三分之二以上持有人同意，并提交公司董事会审议通过。②锁定期——不少于十二个月，自公告完成标的股票购买起计算。法定锁定期满后，仍将遵守中国证监会、深交所关于信息敏感期不得买卖股票的规定。③终止期——在存续期满后自行终止，也可由"管理委员会"提请董事会审议通过后延长。

3. 股份权益归属

本期持股计划项下公司业绩考核指标达成之后，将根据上一年度公司、事业部及经营单位业绩目标的达成情况及考核结果，确定持有人对应的标的股票额度，并将该等确定的标的股票额度分三期归属至持有人，每期归属的具体额度比例仍将根据各持有人的考核结果确定。

（1）第一期：公司考核年度的业绩考核指标达成之后，根据考核年度公司、事业部及经营单位业绩目标的达成情况及考核结果确定持有人对应的标的股票额度，并将该等确定的标的股票额度的40%标的股票权益进行归属。

（2）第二期：持有人第一期标的股票权益归属完成之日起，满一年（12个月）后，将该等确定的标的股票额度的30%标的股票权益进行归属。

（3）第三期：持有人第一期标的股票权益归属完成之日起，满二年（24个月）后，将该等确定的标的股票额度的30%标的股票权益进行归属。

对于三期标的股票权益的锁定期规定：第一期及第二期归属给持有人的标的股票权益的锁定期为自该期标的股票权益归属至持有人名下之

日起至第三期标的股票权益归属至持有人名下之日为止；第三期归属给持有人的标的股票权益自归属至持有人名下之日起即可流通，无锁定期。

标的股票权益归属的满足条件如下。

（1）本期持股计划项下的公司业绩考核指标为2017年度加权平均净资产收益率不低于20%。如本期持股计划存在剩余未分配标的股票及其对应的分红（如有）将全部归公司所有。

（2）若本期持股计划下的公司业绩考核指标达成且持有人在每个归属期的考核结果均达标，则持有人可以享有该期持股计划项下按照上述规则归属到其名下的标的股票权益。

（3）若本期持股计划项下的公司业绩考核指标未达成，则本期持股计划项下的标的股票权益全部归属于公司享有，所有持有人不再享受本期持股计划项下的标的股票权益。

本期持股计划涉及的主要事项的预计时间安排如下（见表7-2）。

表7-2　美的集团持股计划时间安排

预计时间	主要事项	备注
2017年3月29日	董事会审议持股计划	
2017年5—7月	持股计划购入标的股票	持股计划在三个月内完成标的股票购买
2018年5月	根据公司、事业部与经营单位业绩目标的达成情况及考核结果，确定持有人对应的标的股票额度，并确定持股计划第一个归属期中40%标的股票权益的归属情况	若公司业绩考核指标未达成，则该期持股计划项下的标的股票权益归公司享有
2019年5月	确定持股计划第二个归属期中30%标的股票权益的归属情况	
2020年5月	确定持股计划第三个归属期中30%标的股票权益的归属情况	
	归属至持有人的所有标的股票权益锁定期届满，可予以出售	

注：表7-2的时间为预估时间，若有调整，以实际时间为准。

此外，美的集团将依据相关规定，在持股计划完成标的股票的购买及分期归属时，发布持股计划的实施及进展公告。

4. 股份权益归属处理方式

持有人按照本持股计划确定的规则完成各期标的股票权益归属后，由"管理委员会"委托资产管理机构集中出售归属锁定期届满的标的股票，将收益按持有人归属标的股票额度的比例进行分配。

若存在剩余未分配的标的股票及其对应的分红（如有），也将统一由资产管理机构出售，收益归公司所有。

公司实施本期持股计划的财务、会计处理及税收等问题，按相关法律、法规及规范性文件执行。

持有人因参加持股计划所产生的个人所得税，应将股票售出扣除所得税后的剩余收益分配给持有人。

5. 股份权益处置

（1）持股计划标的股票权益归属至持有人前，计划持有人不享有投票权和表决权，标的股票权益按照本期持股计划规定进行归属后，与其他投资者权益平等。

（2）资产管理机构购买标的股票后的分红收益归持有人所有，并按持有人根据本期持股计划确定的其所对应的标的股票的额度比例进行分配。

（3）在本期持股计划存续期内，持有人发生下述情形之一：①锁定期内离任，并且离任审计过程中被发现任内有重大违规事项；②存在"管理委员会"认定的严重违反公司内部管理制度等损害公司利益的情形；③违反公司章程、公司管理制度、公司保密制度等其他行为；④违反国家法律法规并被刑事处罚的其他行为。届时，"管理委员会"将无偿收回持有人根据考核情况对应的全部标的股票权益（不论该等权益是否已经分期归属给持有人），并有权决定分配给其他持有人。

6. 持有人的变更与终止

（1）持股计划存续期内，持有人职务发生变更或离职，以致不再符合参与持股计划的人员资格的，由"管理委员会"无偿收回持有人在本期持股计划下的标的股票权益（不论该等权益是否已经分期归属给持有人）。

该等收回的标的股票权益将全部归公司所有。

（2）持股计划存续期内，持有人符合相关政策并经公司批准正常退休，且在归属锁定期届满前未从事与公司相同业务的投资及任职，其未归属的持股计划标的股票权益在归属锁定期届满后由资产管理机构全额卖出后分配给该持有人。

（3）持股计划存续期内，持有人发生重大疾病离职或因公事丧失劳动能力或因公死亡的，由"管理委员会"决定其未归属的持股计划标的股票权益的处置方式，在归属锁定期届满后，由资产管理机构全额卖出后分配给该持有人或其合法继承人。

（4）持股计划存续期内，除上述情形之外，因其他情形导致存在未归属的持股计划标的股票权益的，未归属的标的股票权益由"管理委员会"无偿收回或决定分配给其他持有人。

7. 持股计划的资金来源、股票来源和规模

（1）资金来源。本期持股计划的资金来源为公司计提的"持股计划专项基金"。本期持股计划计提的专项基金为9900万元，约占公司2016年度经审计的合并报表净利润的0.6%。

（2）股票来源。本期持股计划的股票来源为二级市场购买。

（3）规模。在有效期内的各期持股计划所持有的股票总数累计不超过公司股本总额的10%；任一持有人持有的持股计划份额所对应的标的股票总数累计不超过公司股本总额的1%（累计标的股票总数不包括持有人在公司首次公开发行股票上市前获得的股份、通过二级市场自行购买的股份、通过股权激励获得的股份）。

8. 持股计划的管理模式

通过"持有人会议"选出"管理委员会"，对持股计划的日常管理进行监督，代表持有人行使股东权利或者授权管理机构行使股东权利，执行具体持股计划。

（1）管理模式。本期持股计划由资产管理机构通过专门的资产管理计划购买标的股票。

（2）"持有人会议"组成和职权。"持有人会议"由全体持有人组成，行使如下职权：①选举和更换员工持股"管理委员会"成员；②审议持股计划的重大实质性调整；③法律法规或中国证监会规定的持股计划"持有人会议"可以行使的其他职权。

（3）"管理委员会"组成和职权。"管理委员会"是持股计划的日常监督管理机构。①"管理委员会"由三名委员组成，均由"持有人会议"选举产生。设主任一人，由"管理委员会"以全体委员的过半数选举产生。②委员与主任的任期为该期持股计划的存续期。③职责包括制定及修订持股计划管理办法；依据持股计划审查确定参与人员的资格、范围、人数、额度；根据公司的考核结果决定持有人权益（份额）；持股计划法定锁定期及归属锁定期届满，办理标的股票出售及分配等相关事宜；参加股东大会，代表持股计划行使股东权利，包括但不限于表决权、提案权、分红权。

（4）"持有人会议"召集程序。①"持有人会议"由"管理委员会"主任负责召集和主持。②召开"持有人会议"，"管理委员会"应提前三天将会议通知以书面形式提交给全体持有人。

（5）"持有人会议"的表决程序。①每项提案经过充分讨论后，应适时提请与会持有人进行表决，或在会议全部提案讨论完毕后一并提请与会持有人进行表决；②表决方式为书面表决；③持有人持有的每份持股计划份额有一票表决权；④持有人的表决意向分为同意、反对和弃权（只能也必须选其一，否则视为弃权）；⑤每项议案如经提交有效表决票的持有人或其代理人所对应的计划份额的半数以上同意，则视为表决通过，形成"持有人会议"的有效决议。

7.2.2 子公司项目跟投机制的合伙人持股计划模式

爱尔眼科医院集团股份有限公司（以下简称爱尔眼科）设计的合伙人计划是将符合资格的核心人才（包括核心技术人才与核心管理人才）作为合伙人股东与爱尔眼科共同投资设立新医院（含新设、并购、扩建）。

在新医院达到一定盈利水平后,公司依照相关法律、法规,通过发行股份、支付现金或两者结合等方式,以公允价格收购合伙人持有的医院股权。

爱尔眼科的合伙人计划如下:

1. 实施方式

(1) 合伙人计划采取"有限合伙企业"的实施方式。公司下属子公司作为合伙企业的普通合伙人,负责合伙企业的投资运作和日常管理。

(2) 核心人才作为合伙企业的有限合伙人出资到合伙企业,享有合伙协议及公司章程规定的权利,履行相应义务。

(3) 公司负责对合伙人进行动态考核,包括其本职岗位的工作业绩及作为合伙人的尽责情况。

(4) 合伙企业在全国范围内的设立,可视各省、区、市新医院投资的进展情况而定,以分期设立为宜。

(5) 合伙企业成立后,与公司或"爱尔并购基金"共同设立新医院。

2. 资格认定

有四类人员被纳入本计划(公司授权"合伙人计划"领导小组决定具体名单):①对新医院发展具有较大支持作用的上级医院的核心人才;②新医院(含地、州、市级医院,县级医院,门诊部,视光中心)的核心人才;③公司认为有必要纳入计划及未来拟引进的重要人才;④公司总部、大区、省区的核心人才。

3. 出资额分配

(1) 合伙企业的出资规模依据新医院的数量及投资总额确定。

(2) 新医院将由公司或"爱尔并购基金"与合伙企业共同出资设立,股权比例由公司根据各家新医院的实际情况而定。

(3) 合伙人必须在被允许额度内认缴出资(依个人具体额度而定)。

(4) 在设立地级医院时,总部的合伙人按照地级市新医院的投资进度分期出资,各地级医院与其直属的省区医院的合伙人按照直接隶属的地级市新医院的投资进度分期出资,地级市新医院的合伙人在各自所在医院注册成立时一次性出资到位。

（5）在设立县级医院（含门诊部、视光诊所）时，直属的上一级地级市医院的合伙人按照各县级新医院的投资进度分期出资到位，县级市医院合伙人在所在医院注册成立时一次性出资到位。

4.管理组织

为确保合伙人计划实施到位，管理必须做到推进有序、激励有效，公司总部应设立合伙的实施细则及对实施进度的监管方案。此外，还要负责审批与督导各省、区、市的计划方案。各省、区、市需成立计划实施小组，负责拟订并实施本省的计划方案，并对合伙人履职情况进行动态考核。

5.收益分配

（1）合伙企业经营期限常规为三年至五年。若因项目实际需要，可延长或缩短经营期限。

（2）普通合伙人对合伙企业不收取管理费。

（3）合伙企业在取得收益并扣除各项运营成本、费用后，按照各合伙人的出资比例分配利润。

6.权益转让

（1）在合伙企业存续期间，若发生合伙人离职、被辞退或开除等情况，其所持有的合伙企业权益必须全部转让。

（2）合伙人在公司任职期间，有权转让其部分或全部合伙权益。

（3）合伙人在出现退休、丧失工作能力或死亡等情形时，其合伙权益可以转让，也可以由亲属继承。

注意：在上述情况下，全体合伙人一致同意，合伙权益的受让人仅限于普通合伙人及其同意的受让人（现任或拟任合伙人）。

7.3 合伙人股权退出机制

有进入,就有退出。只要制度设计合理,合伙人退出完全可以做到好聚好散。通常合伙人退出分为两大类:一类是企业正常运转的退出,包括回购退出、上市(IPO)退出、荣誉退出;另一类是企业无法正常运转的退出,即散伙清算退出。前一类退出通常是部分非彻底退出,后一类退出则是全部彻底退出。

7.3.1 回购退出

在股权回购过程中该如何定价,待回购股份持有者的类型又有什么不同呢?

1. 回购价格

(1)溢价或者折价。溢价是指现股份价格高出原来的投资款,折价是指现股份价格低于原来的投资款。

比如,A合伙人出资30万元,退出时为33万元,溢价3万元。再比如,B合伙人出资30万元,退出时为28万元,折价2万元。

(2)按照估值的一定折扣。引进投资者后,企业的估值一定会高于原值,合伙人的股权或合伙金也会相对溢价较多。

比如,某公司出让10%的股份,本轮可获得投资100万元,投资后有10倍PE("市盈率"或"估价收益率",市盈率=每股股价÷每股收益)的估值。该公司的投资后估值为1000万元(100万元÷10%)。投资后估值(1000万元)-本轮投资额(100万元)=投前估值(900万元)。此时,合伙人可以按照7倍或8倍的投资款退出,而不能以10倍投资款退出。

(3)按照每股净资产或每股净利润。这是一种定时性计算方式,前提是必须保证每股净资产的真实性,需要请独立资产评估机构进行评估。

比如,某合伙人拥有公司50万股注册股,当时公司每股净资产为2

元。两年后该合伙人决定退出，此时公司每股净资产为 5 元，在经过外部机构评估后，决定实施 5 元 / 股的回购价格，因此公司回购该合伙人的股份需要 250 万元。

2. 回购类型

除了回购价格的不同外，回购的类型也不同，可以分为股权退出和合伙金退出。

（1）股权退出是指股东合伙人的退出，其持有的股权由企业回购。

（2）合伙金退出是指非股东合伙人的退出，即以当初缴纳的合伙金按照溢价或折价方式回购。

7.3.2 上市（IPO）退出

对于合伙人来说，能通过 IPO 退出是最为理想的，投资回报最高，社会声望也最好。但是，想要成功实现 IPO 除了具备能力，还要有耐心，因为 IPO 需要较长的等待期，而且最终能否上市成功未可知。

在探讨 IPO 退出之前，要先了解我国资本市场的划分，常规为两大类：交易所市场和场外市场（见图 7-1）。

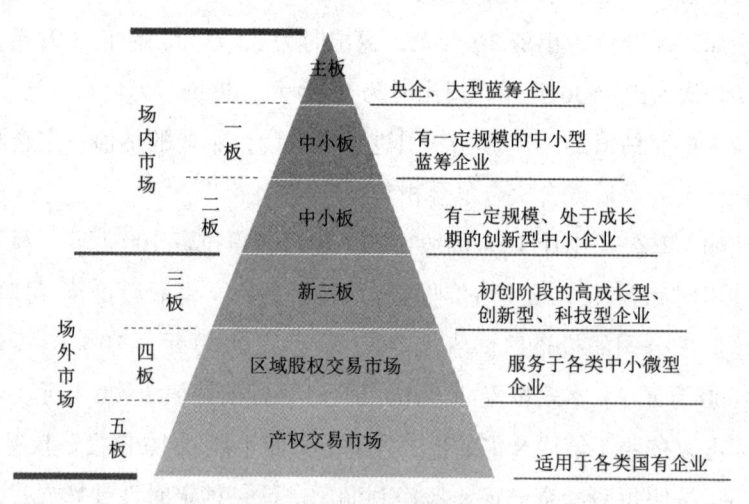

图7-1 我国资本市场划分

（1）交易所市场包括主板、中小板（"一板"）、创业板（"二板"）。

（2）场外市场包括全国中小企业股份转让系统（"新三板"）、区域股权交易市场("四板")和产权交易所市场("五板")。

只有进入场内市场才是真正"上市",具有100%融资功能。"新三板"则更多是为中小企业提供融资平台,不能公开发行新股,只能定向增发,因此只能称"挂牌",而非"上市"。

主板、中小板和创业板的企业退出比较容易,在锁定期结束后就可以出售或转让所持有的股份,对此我国的法律规定如下。

(1)主板上市公司的控股股东及实际控制人所持股票在公司上市之日起至少锁定36个月。

(2)主板上市公司的公司其他股东,主板上市公司股票在公司上市之日起至少锁定12个月。

新三板企业的退出则相对复杂一些,包括锁定期期间内的交易和对转让份额的限制,对此我国法律规定如下。

(1)新三板企业的控股股东及实际控制人所持有股票在挂牌之日、挂牌满一年以及挂牌满两年三个时点可各转让所持股票的三分之一。

(2)新三板企业的董事、监事、高级管理人员所持新增股份在任职期间每年转让不得超过其所持股份的25%,所持本公司股份子公司股票上市交易之日起一年内不得转让。

7.3.3 荣誉合伙人按规则退出

2016年8月22日,阿里巴巴集团发布公告称,CEO陆兆禧卸任。按照阿里巴巴合伙人退休制度,陆兆禧将被聘任为公司荣誉合伙人。对于为企业鞠躬尽瘁的老功臣来说,成为荣誉合伙人是超越言语的表彰,内含公司对其深深的谢意,对外则传递出公司对于有功人员的关怀,起到了非常好的激励效果。

那么,阿里巴巴合伙人退休是如何规定的,成为荣誉合伙人又有什么条件呢?

根据阿里巴巴的章程,当合伙人的年龄与在公司工作的年限相加的和值等于或超过60,即可申请退休并担任阿里巴巴的荣誉合伙人。比如,陆兆禧1969年出生，2000年加入阿里巴巴。到2016年时，工龄16年，年龄47岁，相加超过60，符合上述条件。

但荣誉合伙人毕竟还是荣誉性质的，只能得到奖金池的部分分配，无法行使合伙人权利。而且，荣誉合伙人是对功臣的一种表彰和回馈，切不可滥用，不能让企业的善意回报变成廉价品。

7.3.4 清算退出

本节上述三部分阐述企业在正常发展情况下，合伙人如何退出。但当企业经营难以为继时，合伙人如何以最少的代价从企业退出呢？

《合伙企业法》第八十五条规定："合伙企业有下列情形之一的，应当解散：（一）合伙期限届满，合伙人决定不再经营；（二）合伙协议约定的解散事由出现；（三）全体合伙人决定解散；（四）合伙人已不具备法定人数满三十天；（五）合伙协议约定的合伙目的已经实现或者无法实现；（六）依法被吊销营业执照、责令关闭或者被撤销；（七）法律、行政法规规定的其他原因。"

《合伙企业法》第八十六条规定："合伙企业解散，应当由清算人进行清算。清算人由全体合伙人担任；经全体合伙人过半数同意，可以自合伙企业解散事由出现后十五日内指定一个或者数个合伙人，或者委托第三人，担任清算人。自合伙企业解散事由出现之日起十五日内未确定清算人的，合伙人或者其他利害关系人可以申请人民法院指定清算人。"

《合伙企业法》第八十七条规定："清算人在清算期间执行下列事务：（一）清理合伙企业财产，分别编制资产负债表和财产清单；（二）处理与清算有关的合伙企业未了结事务；（三）清缴所欠税款；（四）清理债权、债务；（五）处理合伙企业清偿债务后的剩余财产；（六）代表合伙企业参加诉讼或者仲裁活动。"

可见，企业散伙必然涉及财产或债务分割。因此，合伙企业成立之时就需完善"散伙规则"，避免企业解散时出现纠纷。

关于散伙规则的设计，企业必须遵循以下几点原则。

（1）约定原则：合伙协议有约定的，按照协议执行。

（2）出资比例原则：合伙协议没有约定的，合伙人互相协商，原则上按出资比例分配。

（3）诉讼原则：协商不成功的，通过诉讼解决。

关于合伙企业散伙时的财产和债务分割，《合伙企业法》也进行了明确规定，可以分为两类情况。

1. 合伙人对合伙企业债务承担连带责任

（1）《合伙企业法》第三十三条规定："合伙企业的利润分配、亏损分担，按照合伙协议的约定办理；合伙协议未约定或者约定不明确的，由合伙人协商决定；协商不成的，由合伙人按照实缴出资比例分配、分担；无法确定出资比例的，由合伙人平均分配、分担。合伙协议不得约定将全部利润分配给部分合伙人或者由部分合伙人承担全部亏损。"

（2）《合伙企业法》第五十三条规定："退伙人对基于其退伙前的原因发生的合伙企业债务，承担无限连带责任。"

（3）《合伙企业法》第五十四条规定："合伙人退伙时，合伙企业财产少于合伙企业债务的，退伙人应当依照本法第三十三条第一款的规定分担亏损。"

2. 企业财产分割以协议为先，协商进行

（1）《合伙企业法》第五十一条规定："合伙人退伙，其他合伙人应当与该退伙人按照退伙时的合伙企业财产状况进行结算，退还退伙人的财产份额。退伙人对给合伙企业造成的损失负有赔偿责任的，相应扣减其应当赔偿的数额。退伙时有未了结的合伙企业事务的，待该事务了结后进行结算。"

（2）《合伙企业法》第五十二条规定："退伙人在合伙企业中财产份额的退还办法，由合伙协议约定或者由全体合伙人决定，可以退还货币，也可以退还实物。"

（3）《合伙企业法》第九十条规定："清算结束，清算人应当编制清算报告，经全体合伙人签名、盖章后，在十五日内向企业登记机关报送清算报告,申请办理合伙企业注销登记。"

(4)《合伙企业法》第九十一条规定:"合伙企业注销后,原普通合伙人对合伙企业存续期间的债务仍应承担无限连带责任。"

(5)《合伙企业法》第九十二条规定:"合伙企业不能清偿到期债务的,债权人可以依法向人民法院提出破产清算申请,也可以要求普通合伙人清偿。合伙企业依法被宣告破产的,普通合伙人对合伙企业债务仍应承担无限连带责任。"

第八章 一致行动人控制策略

企业经营者通过协议、其他安排，与其他经营者、管理者或投资者共同控制的所能够支配的一个上市公司股份表决权数量的行为，就是一致行动人控制。

8.1 一致行动人的界定

一致行动人分狭义和广义两种：狭义上的一致行动人是指在上市公司收购过程中，联合起来收购一个目标公司股份，并就收购事项达成协议的两个以上的人，也称为"联合收购人"；广义上的一致行动人是指不仅包括联合收购人，还包括在证券交易和股东投票权行使过程中采取共同行动的人。对控制企业权利有利的是广义上的一致行动人，以下讨论的也是广义上的一致行动人。

8.1.1 成为一致行动人的法律情形

有关一致行动人的法律条款最初成型于美国，目的是避免"野蛮人"的恶意收购。在当时的上市公司案中，很多基金公司为了规避5%的披露义务，每人收购4.99%，联合起来达到更换管理层、谋取控制权的目的。

为打击这类行为，《美国1934年证券交易法》规定，若两个或两个以上的人构成合伙、有限合伙、辛迪加（垄断组织形式之一）或其他团体，以获得、持有或处理发行人的证券，则该辛迪加或团体应视为本款所称之"人"——一致行动人关系。

不同国家关于一致行动人的相关法律规定，效力层级、宽严尺度、解释机构有所不同。在中国，关于一致行动人的规定，主要体现在《证券法》和《上市公司收购管理办法》中。

2006年9月起施行的《上市公司收购管理办法》第一次明确提出"一致行动人"概念。

《上市公司收购管理办法》第八十三条第一款规定："本办法所称一致行动，是指投资者通过协议、其他安排，与其他投资者共同扩大其所能够支配的一个上市公司股份表决权数量的行为或者事实。"

根据《上市公司收购管理办法》第八十三条可知，一致行动的成因，既包括投资者之间主动签订一致行动协议，也包括在上市公司收购及相关股份权益变动活动中有一致行动情形的行为，以及存在亲属关系等十二项事实。具体情形如下：

（1）投资者之间有股权控制关系。如甲公司控制乙公司，则甲、乙两公司是一致行动人。

（2）投资者受同一主体控制。如甲公司、乙公司都受丙公司控制，则甲、乙两公司是一致行动人。

（3）投资者参股另一投资者，并能对参股公司的重大决策产生影响。如甲公司参股乙公司，并对乙公司的重大决策产生影响，则甲、乙两公司是一致行动人。

（4）投资者之间存在合伙、合作、联营等其他经济利益关系。如甲公司和乙公司有合伙关系，则甲、乙两公司是一致行动人。

（5）投资者的董事、监事或者高级管理人员中的主要成员，同时在另一投资者机构担任董事、监事或者高级管理人员。如A在甲公司和乙公司中同时担任董事，则甲、乙两公司是一致行动人。

（6）在投资者任职的董事、监事及高级管理人员，与投资者同时持有同一上市公司股份。如A在甲公司担任董事，并与甲公司同时持有乙上市公司股份，则A与甲公司为一致行动人。

（7）持有投资者30%以上股份的自然人，与投资者持有同一上市公司的股份。如 A 持有甲公司 30% 以上股份，并与甲公司同时持有乙上市公司股份，则 A 与甲公司为一致行动人。

（8）持有投资者 30% 以上股份的自然人和在投资者任职的董事、监事及高级管理人员，其父母、配偶及其父母、子女及其配偶、兄弟姐妹及其配偶、配偶的兄弟姐妹及其配偶等亲属，与投资者持有同一上市公司股份。如 A 在甲公司担任董事，其父亲 B 与甲公司同时持有乙上市公司股份，则 B 与甲公司为一致行动人。

（9）在上市公司任职的董事、监事、高级管理人员及其前项所述亲属同时持有本公司股份的，或者与自己（或前项所述亲属）直接或间接控制的企业同时持有本公司股份。如甲上市公司董事 A 与其妻子 B 同时持有甲上市公司股份，则 A 与 B 为一致行动人。

（10）上市公司董事、监事、高级管理人员和员工与其所控制或者委托的法人（或其他组织）同时持有本公司股份。如甲上市公司董事 A 与其控制的乙公司同时持有甲上市公司股份，则 A 与乙公司为一致行动人。

（11）投资者之间具有其他关联关系。如甲公司和乙公司有关联关系，则甲、乙两公司为一致行动人。

（12）银行以外的其他法人、其他组织和自然人为投资者取得第三方相关股份提供融资安排。如甲公司和 A 帮助乙公司取得丙公司的股份融资，则甲、乙两公司和 A 是一致行动人。

总之，一致行动人即通过签订协议，或存在天然利益绑定关系（如夫妻、子女等）而在公司重大决策中保持一致行动的人。一致行动人法律上被视为一个整体，他们的持股数和权益（投票权等）要合并计算。

8.1.2 上市公司股东减持股份是否适用"一致行动人"

《上市公司收购管理办法》第八十三条第一款中的"共同扩大"的含义如何理解？可以分为以下三种情况。

（1）不构成一致行动人。只有在增持上市公司股份时，才会造成共同扩大其所能够支配的一个上市公司股份表决权数量和构成一致行动。在减持上市公司股份时，会造成其所能够支配的一个上市公司股份表决权数量的减少，不构成一致行动。

（2）仍构成一致行动人。"共同扩大"是指影响力，而非具体的股份表决权数量的增加，因此共同扩大影响力既包括表决权数量的增加也包括表决权数量的减少。

（3）一致行动关系不以相关持股主体增持或减持为前提。中国证监会上市部于2009年10月14日发给深交所的《关于上市公司股东减持股份有关问题的复函》认为，《上市公司收购管理办法》所称一致行动情形，包括《上市公司收购管理办法》第八十三条第三款所列举的十二条情形，如无相反证据，即互为一致行动人，该种一致行动关系不以相关持股主体是否增持或减持上市公司股份为前提。如同有关法律法规对关联关系的认定，并不以相关方发生关联交易为前提。

8.1.3 参与一致行动的股东及持股数额

除常规认为的大股东多为参与一致行动人，对公司有影响力的小股东同样可以成为参与一致行动的股东。

南通江海电容器股份有限公司在IPO前，公司大股东香港亿威投资有限公司直接持有6000万股，占总股本的50%，其他47名内地自然人股东合计持股6000万股，占总股本的50%。根据该公司披露信息，公司由香港亿威投资有限公司和内地股东共同控制，因为内地的47名自然人股东中的46人签署了《委托协议书》，授权公司股东、董事长陈卫东先生代为行使其持有公司股份所享有的股东大会的投票权、提案权、提名权、临时股东大会的召集权。虽然内地股东在股份数量上仍略逊香港亿威投资有限公司，但已与对方形成了两大表决主体，对方也没能拿到过半数股份，陈卫东对公司的控制权仍在。

一致行动人应当合并计算其所持有的股份，因此在确认一致行动协议时，要明确各股东持有的公司股份数额。持有者在计算其所持有的股份时，应当包括登记在其名下的股份和登记在其一致行动人名下的股份。

某科技股份有限公司的三个股东直接持有公司股份的比例一直保持在34%、33%、33%，任何一人仅凭借自己的股权均无法单独对公司股东大会决议、董事会选举和公司重大经营决策实施决定性影响。因此，有必要签署《一致行动协议》来明确公司的控制权问题。

《一致行动协议》具体应如何签署，操作时需要注意的关键问题，下一节进行详细介绍。

8.2 一致行动人案例

一致行动是当下较常见的企业控制方式，一方面是创始团队凝聚力的体现，另一方面可以减少企业内部股权变动。

8.2.1 神农基因的一致行动模式

一致行动的宗旨是约定一致行动人在股东大会、董事会的提案、表决权等行为上保持一致行动。因此，在所签署的《一致行动协议》中应明确一致表决意见形成的方式及切实有效的矛盾解决方式。为了确保万无一失，一致行动人还会在股东大会、董事会召开前先行沟通，达成一致的表决意见。

海南神农基因科技股份有限公司（以下简称神农基因，现公司名为"海南神农科技股份有限公司"）的创始人是黄培劲，他已于2019年4月不再担任公司负责人，同月退出该公司董事会，失去了公司的掌控权。

但在之前为防止公司控制权旁落，黄培劲与柏远智等十位自然人股东（以下简称各方）签署了《一致行动协议》，度过了风平浪静的几年。直到"野蛮人"湖南弘德的出现，事情才悄悄发生了变化。因此，没有任何一种股权模式可以做到万无一失，永远高枕无忧，都需要根据企业发生的变化和具体形式及时调整，提高警惕才能稳掌控制权。

在神农基因公司的《一致行动协议》中，主要对以下七个方面进行了约定：

（1）意见确认。本协议签署后，在处理有关须经神农基因股东大会审议批准的事项时，各方应采取一致行动。

（2）一致行动方式。采取一致行动的方式为：各方在向股东大会行使提案权和在股东大会上对相关事项行使表决权时保持一致。

（3）充分沟通。分为两个环节：①各方拟向股东大会提出议案时，须与其他方进行充分沟通协商，在取得一致意见后，由各方共同向股东大会提出议案；②股东大会召开前，各方应就股东大会拟进行表决的议案进行充分沟通协商，就行使何种表决权达成一致意见，并按照该一致意见在股东大会上对该议案行使表决权。

（4）表决票确认。为保证本协议得以执行，在股东大会对相关事项进行表决时，各方应先将填写好的表决票提交给黄培劲确认，再由黄培劲将各方的表决票一并提交给股东大会计票人。

（5）替代处置。若任何一方因任何原因不能参加股东大会，应委托黄培劲或黄培劲指定的人代表其参加股东大会，并授权黄培劲或黄培劲指定的人按第（3）、第（4）项规定代其行使表决权。

（6）生效期限。本协议自各方签署之日起生效至神农基因首次公开发行的股票上市交易之日起满36个月后失效（各方均协议承诺，自发行人股票上市之日起，在公司连续服务年限不少于36个月）。

（7）违约处置方式。分为两种情况：①任何一方首次违反本协议规定的行为，允许黄培劲在不违背法律、规章、有关规范性文件、神农基因公司章程和各方应得利益（权利、经济）的前提下，采取有效措施消除因一致行动人的违约行为带来的负面影响。②任何一方两次及以上违反本协议规定的行为，黄培劲有权要求该违约方将其对股东大会的提案权和在股东大会上的表决权在本协议有效期内授权于黄培劲。在授权期限内，该违约方不得再亲自行使提案权和表决权。

8.2.2 蓝色光标的一致行动模式

《一致行动协议》是在实施"一致行动人"的基础上签署的。签署

《一致行动协议》的目的就是针对创始人团队分散，对外不能形成绝对优势的状况。在签署《一致行动协议》后，创始团队依靠共同掌握的总股权比例，就能对投资人的股权比例形成制衡性优势。

北京蓝色光标数据科技股份有限公司（以下简称蓝色光标）于2010年2月上市，五位创始人赵文权、孙陶然、吴铁、许志平、陈良华在上市后各人持股比例均不到10%，任何人也无法实现对公司的控制，为了有利于掌握公司的控制权，五人于2008年签署了《一致行动协议》。协议约定：

（1）五人将在蓝色光标下列事项上采取一致行动，作出相同的意思表示：①行使董事会、股东大会的表决权；②向董事会、股东大会行使提案权；③行使董事、监事候选人提名权；④保证所推荐的董事人选在蓝色光标的董事会行使表决权时采取相同的意思表示。

（2）五人在限售期内不得退出《一致行动协议》，也不得辞去董事、监事或高级管理人员职务。

（3）在限售期满起三年内，五人中如有担任董事、监事、高级管理人员职务的，不得退出《一致行动协议》。五人中如有人提出辞去蓝色光标董事、监事、高级管理人员职务，在确认其辞职对蓝色光标无重大影响的前提下才可辞职；在辞职后公司运营满一个会计年度，年报显示其辞职对于蓝色光标的稳定经营无重大影响才可退出《一致行动协议》。

（4）担任蓝色光标董事长的一方不得退出《一致行动协议》，直至五人中的四人以上退出协议使协议自动失效。

（5）在不违反国家法律法规的情形下，《一致行动协议》长期有效。

为加强协议的约束力，五人又于2010年1月6日签署《一致行动协议》的补充协议，约定如果任何一方违反《一致行动协议》的约定，擅自退出一致行动的，应缴纳1000万元的违约金。

通过《一致行动协议》将每个人不到10%的投票权绑定，赵文权等五人加在一起共拥有蓝色光标47%的股份，更好地实现了对公司的控制。

8.2.3 贝达药业的一致行动模式

贝达药业股份有限公司（以下简称贝达药业）于2016年10月上市，第一大股东是宁波凯铭投资管理合伙企业（有限合伙）（以下简称凯铭投资），持有22.24%的股份，作为员工持股平台的浙江贝成投资管理合伙企业（有限合伙）（以下简称贝成投资），持有7.5%的股份。凯铭投资和贝成投资共计持有贝达药业29.74%的股份，都是由丁列明作为普通合伙人执行合伙事务。

贝达药业的另一位创始人王印祥，持有贝达药业6.5071%的股份。2014年2月14日，丁列明和王印祥签署了《一致行动协议》。协议约定：

（1）自协议生效之日至公司股票首次公开发行并在创业板上市之日起36个月，双方应确保各自作为公司股东（含凯铭投资、贝成投资，下同）在公司股东大会上行使表决权时保持一致。

（2）自协议生效之日至公司股票首次公开发行并在创业板上市之日起36个月，在以各自名义行使对公司的任何股东权利时，以及各自作为公司股东行使股东权利时，双方须协商一致，形成一致意见。

（3）自协议生效之日至公司股票首次公开发行并在创业板上市之日起36个月，且双方均担任公司董事期间，在公司董事会审议议案行使表决权时，双方须协商一致，形成一致意见。

（4）为通过一致行动实现对公司的控制，在双方作为公司股东或董事行使股东权利或董事权利前三日，双方应召开预备会议对需要行使股东权利或董事权利的事项进行逐项讨论并形成一致意见，以便双方在行使股东权利或董事权利时采取一致行动。如双方对相关事项未能形成一致意见，应在适当的条件下促使公司股东大会或董事会推迟表决。前述顺延期限届满，公司股东大会或董事会就该事项再次表决时，若双方对该事项仍未达成一致意见，导致双方无法形成意思表示的，王印祥同意无条件与丁列明保持一致意见。

可以从三个方面解读上述协议：一是约定了《一致行动协议》的限期，即至上市后限售期结束；二是约定了一致行动的范围，包括股东大会的表决及其他股东权利的行使，在担任董事行使董事表决权时保持一致行动；三是约定了达成一致行动的方式为提前三日进行讨论，如提前讨论无法形成一致意见则促使股东大会或董事会推迟表决，仍不能形成一致意见，则按丁列明的意见进行表决。

8.2.4 掌阅科技的一致行动模式

掌阅科技股份有限公司（以下简称掌阅科技）于 2017 年 9 月在 A 股上市。第一大股东张凌云持股 30.42%，第二大股东成湘均持股 28.9%。

为了更好地实现对公司的控制，张凌云、成湘均于 2015 年 2 月 28 日签署了《一致行动协议》。协议约定：

（1）在掌阅科技股东（大）会审议如下相关议案行使表决权时，双方须协商一致，形成一致意见，即双方应确保作为掌阅科技的股东行使权利时意见保持一致：①决定掌阅科技的经营方针和投资计划；②选举和更换董事、非由职工代表担任的监事，决定有关董事、监事报酬事项；③审议批准董事会的报告；④审议批准监事会的报告；⑤审议批准掌阅科技的年度财务预算方案、决算方案；⑥审议批准掌阅科技的利润分配方案、弥补亏损方案；⑦对掌阅科技增加或减少注册资本作出决议；⑧对发行掌阅科技债券作出决议；⑨对掌阅科技合并、分立、解散、清算或变更公司形式作出决议；⑩修改掌阅科技章程；⑪对掌阅科技聘用、解聘会计师事务所作出决议；⑫审议批准掌阅科技的对外担保事项；⑬审议掌阅科技在一年内购买、出售重大资产超过公司最近一期经审计总资产 30% 的事项；⑭审议批准掌阅科技发行股票和变更募集资金用途事项；⑮审议掌阅科技股权激励计划；⑯其他需由掌阅科技股东（大）会审议的重大事项。

（2）在行使对掌阅科技的任何股东权利时，各方须协商一致，形成一致意见：①对拟由成湘均及/或张凌云向掌阅科技股东（大）会提出议案时，各方应事先就议案内容进行充分的沟通和交流，如果任何一方对议案内容有异议，在不违反法律法规、规范性文件和掌阅科技公司章程的前提下各方均应作出适当让步，对议案内容进行修改，直至各方共同认可议案的内容后，再向股东（大）会提出议案，并按双方的一致意见对议案进行表决；②对非由成湘均及/或张凌云提出的议案，在掌阅科技股东（大）会召开前各方应当就待审议的议案进行充分的沟通和交流，直至各方达成一致意见，并在股东（大）会上按照双方的一致意见对议案进行表决。

（3）在行使对掌阅科技的任何董事、管理层权利时，各方须协商一致，形成一致意见：①对拟由成湘均及/或张凌云向掌阅科技董事会提出议案时，各方应事先就议案内容进行充分的沟通和交流，如果任何一方对议案内容有异议，在不违反法律法规、规范性文件和掌阅科技公司章程的前提下各方均应作出适当让步，对议案内容进行修改，直至各方共同认可议案的内容后，再向董事会提出议案，并按双方的一致意见对议案进行表决；②对非由成湘均及/或张凌云提出的议案，在掌阅科技董事会召开前各方应就待审议的议案进行充分的沟通和交流，直至各方达成一致意见，并在董事会上按照双方的一致意见对议案进行表决。

（4）掌阅科技股改后及/或股票上市之日起，应遵守法律法规、规范性文件、中国证监会和证券交易所关于转让公司股票的限制性规定以及各自作出的关于股票锁定期的承诺。在禁售期间，任何一方不会转让或者委托他人管理其持有的掌阅科技股权，掌阅科技也不得回购此部分股权。

（5）除非法律法规或规范性文件另有要求，各方承诺并同意掌阅科技可在公开性的文件中披露各方为掌阅科技的一致行动人。

（6）本协议的各方均应切实履行约定的义务，任何一方违反约定的，应就其违约给守约方造成的损失承担赔偿责任。

（7）协议有效期为本协议签订之日起10年。

通过这份《一致行动协议》，张凌云和成湘均合起来拥有掌阅科技公司58.93%的股份和同等投票权，达到了股权的相对安全线，占据公司投票权总数的绝对多数，为上市公司的实际控制人。

签署《一致行动协议》应在协议中明确当"一致行动人"内部无法达成一致，那么最终以某一创始股东的意见为准。如果正式协议中未就该项进行约定，可签署补充协议进行约定。

成湘均和张凌云在签署的《一致行动协议的补充协议》中约定："成湘均、张凌云根据《一致行动协议》行使股东、董事、管理层的提案权、表决权等权利无法形成一致意见时，均应作出适当让步，直至达成一致后按照一致意见行使股东、董事、管理层的提案权、表决权等权利；双方最终无法形成一致意见的，双方同意以成湘均的意见为准。"

可以从三个方面解读上述协议及补充协议：一是约定了协议有效期为固定的 10 年，不与公司上市时间挂钩；二是约定了一致行动范围，包括第（1）条约定的共 16 项股东会决议事项；第（2）条约定了行使任何股东权利、行使董事或管理层权利时，保持一致意见；三是通过补充协议约定了如果两人无法达成一致意见，以成湘均的意见为准。

通过与 8.2.3 中贝达药业股东签署的《一致行动协议》进行对比，掌阅科技的《一致行动协议》及《一致行动协议的补充协议》要比贝达药业的《一致行动协议》详细很多，那么两个协议在关键方面是否作了重要规定呢？也要从三个方面进行对比。

1. 一致行动范围

贝达药业版协议看似简单，但通过"……股东大会上行使表决权时保持一致"和"……在以各自名义行使对公司的任何股东权利时，以及各自作为公司股东行使股东权利时……"可以囊括行使任何股东权利的情况，不容易存在遗漏。

掌阅科技版协议列明了很多项股东会决议事项，方便履约时的理解和执行，但逐条列出的方式无法囊括股东行使权利的所有事项，可能会有遗漏。幸好第 2 条中写了"在行使对掌阅科技的任何股东权利时，各方须协商一致，形成一致意见"以弥补。

2. 协议期限

贝达药业版协议期限与上市时间挂钩，在限售期内有效。

掌阅科技版协议期限为绝对期限，不与上市时间挂钩。

3.可操作性

贝达药业版协议较清楚地约定了如果达不成一致意见怎么办，操作性较强。

掌阅科技版协议并无达不成意见的解决方式的约定，幸好在补充协议中约定了达不成一致意见时以成湘均的意见为准，弥补了可操作性不强的致命漏洞。

通过对上述两个《一致行动协议》的对比可知，合同、协议等要以是否准确、表述清晰、关键问题表达到位加以判断，详细与否应建立在实际需要的基础之上。

8.3 一致行动协议

《一致行动协议》内容通常体现为，一致行动人同意在其作为公司股东期间，在行使提案权、表决权等股东权利时作出相同的意思表示，以其中某方意见作为一致行动的意见，以巩固该方在公司中的控制地位，也能巩固一致行动人团体在公司中的利益。

上海欧萨评价咨询股份有限公司的一次披露中显示，公司股东分别是一个企业股东（国淳创投）和四个自然人股东（张朝一、王小兵、夏志玲、伍波），所占股份比例分别是30.7%、25.93%、25.93%、6.22%、6.22%。第一大股东是国淳创投，但法定代表人王小兵和张朝一签署了《一致行动协议》，合计持股51.86%，由此掌握了公司的实际控制权。

在签署《一致行动协议》时，必须注意各股东所持股份的总数对比企业总股本的比例，是否能达到对企业的控制，因为股东签署《一致行动协议》的目的就是扩大其对目标企业股份的控股比例，以此取得或巩固对目标企业的控制地位。

8.3.1 《一致行动协议》

下面是一份常见的《一致行动协议》模板（以四名一致行动人为例）。

一致行动协议

甲方：
身份证号：_____
乙方：
身份证号：_____
丙方：
身份证号：_____
丁方：
身份证号：_____

以下甲、乙、丙、丁合称"协议_____方"，单称"各方"或"每一方"。

甲、乙、丙、丁_____方目前均为_____公司股东，在投资理念、经营理念上基本一致，为更好地协调各自立场，促使协议_____方在对公司重大问题的决策上保持一致，特达成以下书面约定，以进一步明确各方对于公司未来的一致行动关系，促进公司的全面稳定健康发展。

1.协议_____方应当在公司每次股东会/股东大会召开前，对该次股东会/股东大会审议事项充分协商并达成一致意见后进行投票。

2.若协议_____方经过协商无法就股东会/股东大会审议事项达成一致意见，则各方一致同意无条件依据_____先生/女士（一致行动人中的某一方）所持意见，对股东会/股东大会审议事项进行投票；或者甲、乙、丙、丁_____方中的某一方或某几方不做投票指示而委托_____先生/女士（一致行动人中的某一方）对股东会/股东大会审议事项进行投票。

3.协议_____方应当共同向股东会/股东大会提出提案，每一方均不允许单独或者联合他人（不在本协议一致行动人范围内）向股东会/股东大会提出未经协议_____方充分协商并达成一致意见的提案。

4.在本协议有效期内，未经其他各方书面同意或者达成相关书面协议，任何一方不得转让其所持有的全部或部分公司股权/股份，或者委托任何其他第三方管理其所持有的公司股权/股份，或者委托任何其他第三方行使股权/股份权利。

5.本协议有效期为20____年____月____日起至20____年____月____日止。

6.本协议一经签署即构成对各方均具有法律约束力的义务，对于任何一方违反本协议项下的法律义务，其他各方均有权追究其法律责任。

甲方（签章）：
乙方（签章）：
丙方（签章）：
丁方（签章）：

签署日期：二〇_____年_____月_____日

签署地点：中国_____省/市_____市/区

注：①模板中的括号里的内容实际不出现在协议内，是对模板协议的说明。
②协议的具体内容要视企业和一致行动人的实际情况而定。

8.3.2 成为一致行动人，为何必须披露

2006 年实施的《证券法》首次在法律层面明确了"一致行动人"在上市公司收购时的信息披露制度。

《证券法》（2014 年修正）第八十六条规定："通过证券交易所的证券交易，投资者持有或者通过协议、其他安排与他人共同持有一个上市公司已发行的股份达到百分之五时，应当在该事实发生之日起三日内，向国务院证券监督管理机构、证券交易所作出书面报告，通知该上市公司，并予公告；在上述期限内，不得再行买卖该上市公司的股票。投资者持有或者通过协议、其他安排与他人共同持有一个上市公司已发行的股份达到百分之五后，其所持该上市公司已发行的股份比例每增加或者减少百分之五，应当依照前款规定进行报告和公告。在报告期限内和作出报告、公告后二日内，不得再行买卖该上市公司的股票。"

2014 年 10 月 1 日，"老八股"爱使股份以 11.8 亿元的价格收购上海游久游戏股份有限公司（以下简称游久游戏）100% 的股权。刘亮以持股 10.28% 成为公司第二大股东，代琳以持股 9.31% 成为公司第三大股东。

2015 年 1 月 18 日，刘亮、代琳登记结婚。而二者的婚姻关系直到 2016 年 1 月，上交所向游久游戏发出问询函才浮出水面。

两个月后，中国证监会对游久游戏立案调查，原因是刘亮、代琳在构成一致行动人关系后未及时履行报告、公告义务，涉嫌信息披露违法违规。

2017 年 4 月 18 日，上海证监局宣布处罚结果，对刘亮、代琳给予警告，并分别处以 30 万元罚款。

对于此案件，有人会有疑问，两个股东结婚是个人问题，为什么要向公众披露？

两个股东结婚构成一致行动关系，两人在公司持有的权益（包括表决权等）要合并计算。此案例中，刘亮、代琳持有的股份加起来超过了第一大股东的持股比例，已经在事实上导致公司的第一大股东和实际控制人发

生变更。

法律对一致行动人作出规定，主要目的就是明确公司的控制权。大部分情况下，两个人及以上一致行动，或者能形成对公司的控制，或者能对公司产生重大影响。

对于上市公司来说，由于一致行动人的行为关系关乎公司的控制权和重要决策，可能对上市公司股价造成重大影响，为了方便投资人和监管机构及时获取相关信息，作出相应投资判断，发挥外部监督功能，因此一致行动人持股达到一定比例（5%）及以上，必须公开披露。

8.3.3 一致行动的边界

A集团是C上市公司的控股股东，为加强掌控力度，A集团与自然人小股东E签署了《一致行动协议》。在涉及A上市公司控制权转让的交易中，E拒绝同步转让自己持有的A集团股份，C集团及C集团的自然人股东以E违反《一致行动协议》为由，起诉至法院，要求E赔偿损失。

该案争议焦点在于，《一致行动协议》是否约束一致行动人自由转让股份的权利。

原告方认为：E作为一致行动人，在涉及A集团控制权转让的交易中，其同意了公司重组计划，理应同步按比例向受让方转让其所持的A集团股份。但E未转让相应股份，导致C集团多转让了所持有的A集团股份。因此，C集团主张E构成对于《一致行动协议》的违反。

被告方认为：《一致行动协议》并不当然等于股东转让股份的权利，其内容并未约定或限制E处分自己的股份，因此E并不存在违约行为。

第一次起诉，经过激辩庭审，原告自知胜诉无望，撤回起诉。之后，原告变换主体，再次起诉，最终还是撤诉了之。

为什么C集团无法打赢这场官司呢？涉及一致行动的边界问题，越界了当然不会受到法律保护。一致行动的边界可以体现为以下三个方面。

1. 一致行动与拖售权的关系

本案例中，C集团要求E同步转让A上市公司股份给第三方的行为，属于并购交易中的拖售权概念。

拖售权指第三方向企业部分股东发出要约，要求收购该企业部分股东的股权，且这些股东接受要约，则其有权要求其他股东一起按照相同的出售条件和价格向该第三方转让股份的权利。实施拖售权的目的是保证投资者作为中小股东，即使不实际管理、经营企业，在其想要退出时，原始股东和管理团队也不得拒绝，必须按照和并购方达成的并购时间、条件及价格完成并购交易。

拖售权必须要有明确约定才可享有，且对于拖售权行使时的最低价格、触发条件、转让对象、转让时机等都应有明确的约定。除非《一致行动协议》中有明确的关于拖售权的约定，否则一致行动与拖售权并不当然属于包含与被包含的关系。此案例的一致行动人之间并没有任何关于拖售权的约定，所以C集团无权行使拖售权。

2. 一致行动与共同出售权的关系

共同出售权是指公司创始人或其他股东拟对外转让或出售股份时，作为股东之一的风险投资人有权以同样的价格和条件出售公司的股份。

本案例中，一致行动与共同出售权的关系论证与拖售权类似，除非《一致行动协议》中有关于共同出售权的约定（实际没有），否则一致行动与共同出售权并不当然属于包含与被包含的关系。

3. 一致行动对于股权转让的约束

《公司法》规定了股份自由转让制度。上市公司的股份转让没有优先权的概念，股份转让是股东个人的权利，而非公司的重大经营决策事项。

有限责任公司股权转让虽然有优先权，但是也仅限于此，其他股东只有决定是否行使优先购买权的权利，并没有否决该股东转让股权的权利。

《一致行动协议》仅对于一致行动人作为股东参与公司重大决策和选择管理者等作出约束，对于其合法持有的股份的处分权并没有通过任何形式让渡或者约束。因此，在没有其他约定的前提下，《一致行动协议》对于股东在股份转让方面没有必然约束。

8.3.4 一致行动协议的解除

《一致行动协议》具有有效期限，在期满后需要进行相关解除手续。可以分作两个步骤实施（以上市公司解除《一致行动协议》为例）。

第一步，上市公司股东之间解除原有《一致行动协议》（一致行动股东无法单方解除《一致行动协议》），必须通过与相关方签署《一致行动人协议解除协议》的方式解除，且该解除协议书应符合投资者原签署《一致行动协议》时出具的相关承诺（如有）。

第二步，上市公司应就《一致行动人协议解除协议》签署事项进行公告，并对该次一致行动解除对上市公司实际控制权的影响以及是否导致实际控制人变更进行公告说明。

第九章　委托投票控制策略

第八章的一致行动协议就是委托投票的一种，但因为一致行动协议在当下企业控制权中具有普遍性，特单列一章进行阐述。

委托投票又称"表决权委托""表决权代理"，还包括创始人否决权。在这种机制下，获得委托权的股东便可以行使比自己所持股份更大的投票权利，从而在企业决策中拥有更大的影响力或控制权。

9.1　表决权委托的真相

企业发展过程中都会经历 N 轮融资，每次融资都将稀释创始人（及团队）的股权，要想紧抓企业控制权，采取表决权委托是很好的策略。

9.1.1　表决权委托的现实状况

表决权委托是指公司股东将其持有的公司股份对应的参与公司重大决策的权利委托给他方行使的法律行为。

实践中，表决权委托主要通过公司股东直接向受托人出具授权委托书或与受托人签订委托合同，约定由受托人代公司股东行使公司股份对应的表决权。

Facebook 的创始人马克·扎克伯格采用表决权委托方式控制公司，他不仅持有高投票权的 B 类股，还与投资者签订了《表决权代理协议》。协议核心内容规定，此前十轮投资的所有机构和个人投资者，在 Facebook 某些特定的需要股东投票的场合，授权扎克伯格代表投资机构或个人投资者所持有股份进行表决。而且，这份协议在 IPO 完成后仍然保持效力，这部分代理投票权为 30.5%，加上扎克伯格本人持有的 28.4%B 类股，扎克伯格总计拥有 58.9% 的投票权，牢牢掌握了 Facebook 的控制权。

9.1.2 表决权委托的法律根据

《公司法》第四条规定："公司股东依法享有资产收益、参与重大决策和选择管理者等权利。"

公司股权对应的权利可以分为经济性权利和参与性权利，其中，前者表现为股东依法享有资产收益的权利，后者表现为股东参与重大决策和选择管理者的权利。

《公司法》第一百零六条规定："股东可以委托代理人出席股东大会会议，代理人应当向公司提交股东授权委托书，并在授权范围内行使表决权。"

股份有限公司的股东可以直接出席股东大会行使表决权，在无法出席的情况下，也可以委托代理人出席股东大会会议，由代理人在授权范围内行使表决权。

《上市公司章程指引》第六十一条规定："股东出具的委托他人出席股东大会的授权委托书应当载明下列内容：（一）代理人的姓名；（二）是否具有表决权；（三）分别对列入股东大会议程的每一审议事项投赞成、反对或弃权票的指示；（四）委托书签发日期和有效期限；（五）委托人签名（或盖章）。委托人为法人股东的，应加盖法人单位印章。"

上市公司股东因各种原因无法亲自出席股东大会时，可选择委托代理人代其出席股东大会并行使表决权，并在授权委托书中载明对列入股东大会议程的每一审议事项投"赞成票"、"反对票"或"弃权票"的指示。

另外，表决权委托也可应用于上市公司控制权收购之中。

《上市公司收购管理办法》第五条规定："收购人可以通过取得股份的方式成为一个上市公司的控股股东，可以通过投资关系、协议、其他安排的途径成为一个上市公司的实际控制人，也可以同时采取上述方式和途径取得上市公司控制权。收购人包括投资者及与其一致行动的他人。"

上市公司控制权收购，一般由上市公司大股东与收购方签订表决权委托书，由委托人将其持有的上市公司股份对应的表决权、董事提名权等股东权利不可撤销的委托给受托人行使，并由受托人负担代委托人偿还债务等义务。

9.1.3 表决权委托的发生情形

表决权委托作为企业控制权的安排，其发生的情形有以下几种。

第一种情形，股东由于质押、在限售期等情况股权转让受限，从而选择将表决权委托给受托方（潜在买方）实现提前转让目的。

具体操作层面可以分为以下三种方式。

（1）协议转让＋表决权委托。

在减持规则及新规出台后，场内交易受到较多限制的情况下，因无须股权出售即可实现控制权事实上的转移，该种方式备受市场青睐。

2019年2月，马中骏、马中骅、王玫、王碧云与华章天地传媒投资控股集团有限公司（以下简称华章天地传媒）签署了《股权转让协议》和《表决权委托协议》。上述四名股东同意于无限售条件具备前提下，依法将共同持有的慈文传媒股份有限公司（以下简称慈文传媒）15.05%的股份以13元/股的价格，分次协议转让给江西省出版集团公司全资子公司华章天地传媒。

基于信任，四位股东同意将各自持有的慈文传媒股份所对应的表决权委托给华章天地传媒行使，委托期限至2022年6月30日。本次交易完成后，华章天地传媒将成为慈文传媒单一拥有表决权份额最大的股东。

（2）先转让＋后委托。

2018年12月19日，东方时代网络传媒股份有限公司（以下简称东方网络）控股股东彭朋、第二大股东博创金甬、第三大股东南通富海与南通东柏文化发展合伙企业（有限合伙）（以下简称东柏文化）签署《股票转让之框架协议》。彭朋将所持占东方网络总股本的5.84%、博创金甬将所持占东方网络总股本的6.71%、南通富海将所持占东方网络总股本的6.71%的股份，全部转让于东柏文化及／或东柏文化制定的主体。

2018年12月25日，博创金甬与东柏文化签订《表决权委托书》。2019年1月16日，彭朋与东柏文化签订《表决权委托书》。本次权益变动完成后，东柏文化在东方网络拥有表决权的股份占公司总股本的12.55%，彭朋可实际支配的表决权股份比例降至6.39%。

因为彭朋、博创金甬和东柏文化的一致行动人关系，东柏文化在东方网络拥有表决权的股份合计占公司总股本的18.94%。东方网络控股股东由彭朋变更为东柏文化，实际控制人由彭朋变更为东柏文化的实际控制人宋小忠。

（3）先委托＋后转让。

2019年2月，棕榈生态城镇发展股份有限公司（以下简称棕榈公司）公告，股东吴桂昌、林从孝、吴汉昌、吴建昌、浙江一桐辉瑞股权投资有限公司及公司员工持股计划之受托人国通信托有限责任公司，拟通过协议转让方式向河南省豫资保障房管理运营有限公司（以下简称豫资公司）合计转让约占公司总股本13.1%的公司股份。

2019年3月27日，吴桂昌、林从孝分别与豫资公司签署了《表决权委托协议》。吴桂昌将所持占公司总股本8.32%股份对应的表决权、林从孝将所持占公司总股本2.46%股份对应的表决权，全部不可撤销地委托给豫资公司行使。

表决权委托实施完成后，正式开启向豫资公司股权转让交易。豫资公司在得到"8.32%＋2.46%"的表决权和13.1的股份后，在棕榈公司中拥有表决权的股份占总股本的23.88%，成为控股股东。

第二种情形，委托方拟将股权转让于受托方，但因股权暂时存在权利限制（如质押、冻结），短时间内无法过户，因此先行委托以提前锁定。

具体操作层面可以分为以下两种方式。

（1）司法冻结+表决权委托。

已上市的长春中天能源有限公司（以下简称中天能源）自2018年下半年以来，遭遇流动性风波影响，资金流紧张，由此造成大量逾期未偿还债务。公司银行账户、主要子公司股权等遭到部分债权银行查封，可供经营活动支出的货币资金严重短缺，外部救助资金很难及时到账。

为化解债务危机，2019年3月6日，中天能源控股股东青岛中天资产管理有限公司（以下简称中天资产）及实际控制人邓天洲与铜陵国厚天源资产管理有限公司（以下简称国厚天源）签署《表决权委托协议》，将持有的中天能源股份对应的全部表决权委托给国厚天源行使。

国厚天源据此取得对中天能源18.7%股份的表决权等权利，公司控股股东由中天资产变为国厚天源，实际控制人也由邓天洲、黄博变更为国厚天源的实际控制人李厚文。

上述表决权委托公告一经发出，上交所在第一时间进行问询，要求国厚天源补充披露以零对价受托管理中天能源是基于何种考虑，是否存在其他安排，以及控制权转让依据是否充分。

国厚天源答复上交所问询中表述，系利用国厚天源在困境企业救助、债务重组领域的专业技能和丰富经验，着力化解中天能源的金融债权债务纠纷，并计划通过发行救助债券、设立救助基金或其他方式，为中天能源在相应产业板块的建设经营提供流动性支持，帮助企业尽快脱困。

但其后的实际表现证明，国厚天源并非真心要拯救中天能源，其每一份付出都要索取高额回报。

2019年7月14日，中天能源发布公告，公司原控股股东中天资产及原实际控制人邓天洲与国厚天源签署《解除表决权委托协议》。

随后，中天资产、邓天洲"火速"与森宇化工油气有限公司（以下简称森宇化工）签署《表决权委托协议》，中天资产、邓天洲将其持有的中天能源股份对应的全部表决权委托给森宇化工行使。

但上市公司控制权变更后，一年内再次变更是否违反相关规定呢？

《上市公司收购管理办法》第七十四条规定："在上市公司收购中，收购人持有的被收购公司的股份，在收购完成后18个月内不得转让。收购人在被收购公司中拥有权益的股份在同一实际控制人控制的不同主体之间进行转让不受前述18个月的限制，但应当遵守本办法第六章的规定。"

关于本案例是否违反规定，要先看控制权变更是否涉及收购的问题。本部分不阐述这个问题，在此略过。

（2）质押+表决权委托。

张培峰系凯瑞德控股股份有限公司（以下简称凯瑞德）持股5%以上股东，其全部股份处于质押状态。王健不持有凯瑞德公司股份。2019年5月24日，张培峰与王健签署了《股东表决权委托协议》，将其持有的占公司总股本5.19%的股份所对应的表决权无条件及不可撤销地委托给王健行使。

本次权益变动不涉及凯瑞德控股股东及实际控制人变动。张培峰股东权利的委托行使为全权委托、唯一委托和排他委托，未经双方协商达成书面一致，张培峰无权撤销、无权解除上述股东权利的委托。

本次权益变动后，张培峰持有占凯瑞德总股本5.19%的股份，所对应的表决权已委托给王健行使；王健不直接持有凯瑞德股份，但拥有凯瑞德5.19%的表决权。

第三种情形，受托方与委托方一般存在控制或同一控制的关系，表决权委托协议的签署主要是为了方便集团公司层面实现合并表决权。

2016年10月21日，江苏亨通光电股份有限公司（以下简称亨通光电）实际控制人崔根良与亨通集团有限公司（以下简称亨通集团）签署《表决权委托协议》。崔根良同时也是亨通集团的控股股东和实际控制人。

截至本协议签订前，崔根良持有亨通光电19.34%的股份，亨通集团持有亨通光电11.23%的股份。为进一步确认亨通集团对亨通光电的合并控制关系，优化公司治理结构，崔根良将其持有的占公司总股本19.34%的股份所对应的表决权全部不可撤销地委托给亨通集团行使。

本协议签订后，亨通光电的实际控制人未发生变化，也不影响崔根良对其持有的亨通光电股份所享有的收益权、处分权（包括但不限于转让、质押等）。

第四种情形，受托方与委托方均系原实际控制人的继承人，在原实际控制人去世后、遗产分割前，以表决权委托的方式将股份表决权委托给其中一人或几人，以保持控制权稳定。

安徽省凤形耐磨材料股份有限公司（以下简称凤形材料）原控股股东、实际控制人陈宗明于2015年逝世，陈宗明所持股份分别由陈晓（长子）、陈功林（次子）、陈静（女儿）按照40%、30%、30%的份额继承。

当时，凤形材料拟申请境内IPO，根据《首次公开发行股票并上市管理办法》《深圳证券交易所股票上市规则》等相关法规的要求，需要在发行条件等方面满足"发行人最近三年内主营业务和董事、高级管理人员没有发生重大变化，实际控制人没有发生变更"的要求。

因此，在继承分割前，陈功林和陈静将各自持有的凤形材料股份所对应的表决权全部委托给陈晓行使。2016年8月3日，陈晓、陈功林、陈静为了就有关公司经营发展的重大事项向股东大会行使提案权和在相关股东大会上行使表决权时保持一致，保证公司控制权的稳定，签署了《一致行动协议》，该协议自各方签署之日起生效，至公司股票上市之日起满36个月时终止。

几轮操作之后，凤形材料的实际控制权在"公司IPO前"、"IPO审核阶段"及"上市后三年内"等阶段内不发生重大变化，保障公司控制权稳定和持续符合上市要求。

9.1.4 创始人否决权

表决权委托和《一致行动协议》是增大创始人控制权的进攻型策略，但不能只有进攻的方法，也需要有防守的方法，在进攻不起效又事关紧急之时可以按下"停止键"。

创始人否决权就是很好的防御策略。对于企业有重大影响的事项，如公司上市、投资、担保、质押、解散、清算、分立、合并、股权激励、决算预算、控制权转让、变更董事会组成规则或人员、聘请与更换审计师、重大人事任免、主营业务变更、重要资产重组、重大对外并购等，在符合法律规定的表决方式下，公司章程可另设规定，以上实践必须得到核心创始人的同意或赞成表决方可通过实施。

具体可以在公司章程中写入类似条款：有关公司上市、投资、担保、质押、解散、清算、分立、合并、股权激励、决算预算、控制权转让、变更董事会组成规则或人员、聘请与更换审计师、重大人事任免、主营业务变更、重要资产重组、重大对外并购等影响企业经营管理的重大事项，必须经过创始人的赞成表决方可通过实施。

9.2　投票权委托案例

对于企业而言，控制权变更无疑是事关企业经营情况和未来预期的最重要变化之一，对公众股东的利益影响甚大。现实中出现的投票权委托案例呈现怎样的发展趋势，投票权委托发生的情形有哪些，投票权委托协议有哪些基本安排都值得深入探讨。

9.2.1　京东的委托投票模式

京东在引进外部风险投资机构时，充分利用了委托投票模式，要求获准进入的风险投资商将其表决权委托给刘强东个人在英属维尔京群岛的离岸公司 Max Smart Limited 行使。

2014 年上市前，DST 全球基金、Insight Funds、the KPCB Funds、阿苏德基金、Oeland Investments II LIC、Good Fortune Capital II LIC、IGSB Internal Venture Fund II Investments II LIC、红杉资本、HHGL、中国人寿信托合计将 44389.7179 万股所对应的表决权委托刘强东控制的 Max Smart Limited 行使。Accurate Way Ltd. 和 Kaixin Asia Ltd. 则将 9.21 万股对应的投票权委托刘强东本人行使。

通过和上述股东签署《表决权委托协议》，刘强东彼时虽然只持股 18.4%（不含代持的 4.3% 激励股权），却掌控了京东过半数投票权。

时间到了 2016 年 8 月，腾讯通过三次增持京东股票，以占股 21.25% 成为京东第一大股东，刘强东以 18.2% 的股份比例成为第二大股东。

但在与腾讯签署的《投票权委托协议》中，腾讯将其所持有的京东股票的大部分投票权（17.25%）委托给刘强东代为执行，腾讯仅保留 4% 的投票权。刘强东通过一系列委托投票模式的运作，其所掌控的京东投票权总计超过 80%，获得对公司的绝对控制权。

9.2.2 天海防务的委托投票模式

2018 年 6 月 19 日，天海融合防务装备技术股份有限公司（以下简称公司或天海防务）发布《关于公司控股股东筹划股份转让暨重大事项的停牌公告》。公告主要内容如下：

"公司于近日收到公司控股股东刘楠先生的通知，其正筹划公司股权转让事项，该事项可能涉及公司控制权变更，对公司有重大影响。鉴于上述事项存在不确定性，为维护广大投资者利益，保证公平信息披露，避免公司股价异常波动，根据《深圳证券交易所创业板股票上市规则》《创业板信息披露业务备忘录第 22 号——上市公司停复牌业务》等相关规定，经公司向深圳证券交易所申请，公司股票（证券简称：天海防务，证券代码：300008）自 2018 年 6 月 19 日（星期二）开市起停牌，预计停牌时间不超过 10 个交易日，待公司通过指定媒体披露相关公告后复牌。

"2018 年 6 月 15 日，刘楠先生与扬中市金融控股集团有限公司（以下简称扬中金控）签署了《股份转让意向协议》，根据该意向协议，扬中金控拟通过协议转让方式收购刘楠先生及上海佳船企业发展有限公司持有的天海防务 4801 万股无限售条件的流通股股份及相关的股东权益，占天海防务总股本的 5%；同时，刘楠先生拟将其持有的天海防务 1.2301 亿股股票的表决权、提案权一次性且不可撤销地委托给扬中金控行使，约占天海防务总股本的 12.81%。本次协议转让股份的数量为 4801 万股，占公司总股本的 5%，拟转让的价格不低于 4.81 元 / 股（具体价格以实际商谈结果为准）。本次股份转让完成后，扬中金控将持有公司总计 5% 的股权及合计 17.81% 股权表决权及提案权，成为公司的实际控制人。上述交易方案仅为意向方案，且扬中金控还需就本次交易履行相关的行政审批程序，尚存在较大不确定性。目前，相关方正在就该事项的具体方案进行商谈。"

本案例虽然只是股东与其他公司的意向协议，如果最终落实，即是通过委托投票模式变更了上市公司的控制权。

9.2.3 朋万科技的委托投票模式

在新三板挂牌的成都朋万科技股份有限公司（以下简称朋万科技），第一大股东是孟书奇，持股比例达 35.27%；第二大股东为创始人刘刚，持股比例为 29.25%。

为更好地掌控公司，也为了公司能够获得良性发展，孟书奇自愿与刘刚签署《表决权委托协议》，将其持有的 35.27% 公司股份中除分红权和涉及委托人所持股份的处分事宜之外的其他权利委托给刘刚代为行使。具体包括：

（1）代为提议召开临时股东会或股东大会。

（2）代为行使股东提案权，提议选举或罢免董事、监事及其他议案。

（3）代为参加股东会或股东大会，行使股东质询权和建议权。

（4）代为行使表决权，并签署相关文件，对股东会和公司股改后股东大会每一审议和表决事项代为投票，但分红、股权转让、股权质押、增资、减资等涉及委托人所持有股权的处分事宜的事项除外。

（5）委托人对表决事项不作具体指示，代理人可以按照自己的意思表决，但应本着考虑委托人利益并兼顾公司发展的原则。

（6）其他与召开股东会或临时股东大会有关的事项。

（7）现行法律法规或者公司章程规定的除分红权以外的其他股东权利，但股权转让、股权质押、增资、减资等涉及委托人所持股权的处分事宜的事项除外。

（8）受托人行使本授权委托书委托权限范围内的事项所导致的一切后果由委托人承担。

通过上述委托协议，刘刚虽然只持有公司 29.25% 的股份，却掌握了公司 64.52% 的投票权，成为公司的实际控制人。

9.3 表决权委托协议

《表决权委托协议》也可写作《投票权委托协议》，是股东之间表决权委托具有法律效力的书面文件。那么，《表决权委托协议》的内容应该怎样拟定呢，其中涉及的关键内容又该如何理解呢？

9.3.1 表决权委托协议

下面是一份常见的《表决权委托协议》模板（以一名受托人和两名委托人为例）。

表决权委托协议

甲方（受托方）：
身份证号：_____
乙方（委托方）：
身份证号：_____
丙方（委托方）：
身份证号：_____

鉴于：
甲方、乙方、丙方均为_____公司（以下简称公司）的股东，其持股比例分别为____%和____%和____%；为凸显甲方作为公司控股股东的地位，各方根据现行法律法规的规定，本着自愿、公平、协商一致的原则签订如下《表决权委托协议》（以下简称本协议），以资信守。
1.乙方和丙方同意，在处理有关公司经营发展且根据《中华人民共和国公司法》等有关法律法规和《公司章程》需要由公司股东会/股东大会作出决议的事项时，在此不可撤销的均委托授权甲方行使表决权。

续表

> 2.采取表决权委托的方式为就有关公司经营发展的上述事项在相关股东会/股东大会上行使表决权时,乙方和丙方均委托授权甲方行使乙方和丙方的表决权。
> 3.本协议其他未尽事宜,由各方签订书面的补充协议或协商解决。
> 4.本协议自签署之日起生效,本协议长期有效。
>
> 甲方(签章):
> 乙方(签章):
> 丙方(签章):
>
> 签署日期:二〇____年____月____日
> 签署地点:中国_____省/市_____市/区

注:协议的具体内容要视企业和一致行动人的实际情况而定。

9.3.2 结婚+表决权委托

2017年3月13日,广东唯诺冠动漫食品股份有限公司(以下简称公司或唯诺冠动漫)对外发布。《关于公司控股股东、实际控制人与公司第三大股东登记结婚并签订表决权委托协议的公告》。主要内容如下:

1.登记结婚基本情况

公司控股股东、实际控制人翁盛平与公司第三大股东张史燕于2017年3月9日在广东省汕头市龙湖区民政局登记结婚,婚姻关系正式成立。同日,二人签订了《表决权委托协议》。

2.二人持股情况

翁盛平持股数额为39024600股,持股比例为65.04%;张史燕持股数额为3420000股,持股比例为5.70%。

3.《表决权委托协议》基本内容

2017年3月9日,委托人张史燕与受托人翁盛平签订了《表决权委托协议》,协议内容如下:委托人张史燕授权翁盛平作为其持有的公司5.70%股份(截至该委托协议签订之日,委托人张史燕持有公司的股份数量为3420000股)的唯一的、排他的代理人,全权代表张史燕按照法律公告编号2017-005法规、公司的章程规定行使:

（1）召集、召开和出席公司的股东大会会议；

（2）对所有根据相关法律、法规、规章及其他有法律约束力的规范性文件或公司章程需要股东大会讨论、决议的事项行使表决权；

（3）代为行使股东提案权，提议选举或罢免董事、监事及其他议案；

（4）公司章程规定的其他权利。

4. 对公司的影响

公司控股股东、实际控制人翁盛平与股东张史燕二人的结婚登记未导致公司实际控制人发生变更，未对公司的日常经营产生不利影响。

从唯诺冠动漫公告内容可以看出，翁盛平夫妇的表决权比例达到70.74%，又通过表决权委托，全部由翁盛平掌控，其对公司拥有绝对控制权。

9.3.3 股东表决权委托的撤销

《民法典》第一百七十三条规定："有下列情形之一的，委托代理终止：（一）代理期限届满或者代理事务完成；（二）被代理人取消委托或者代理人辞去委托；（三）代理人丧失民事行为能力；（四）代理人或者被代理人死亡；（五）作为代理人或者被代理人的法人、非法人组织终止。"

依法可知，股东表决权委托是可以撤销的。对于委托人需要撤销与受托人之间的委托关系的，都要通知受托人和法律关系的相对人。

但法律不可能将所有情况考虑在内，只能是泛规定，实践中要根据实际情况进行处理和认定，避免法律适用错误。

1. 明示通知

当事人合同解除权的行使，应明示通知他方。所谓"他方"是指，合同当事人的一方有多人的，应由其全体或向其全体作出。

该通知自到达对方当事人时生效，即通知到达受托人时，授权委托即为撤销。同时，解除合同的通知生效后不可撤销。

2. 部分解除

当委托人或受托人一方为多人时，多人中的部分人解除合同，其解除的效力是否涉及其他人？应区分两种情况：①若委托事务依其性质是不可分割的，部分人解除合同的行为对其他当事人也应有效；②若委托事务依性质是可分割的，部分当事人解除合同的行为应独立发生效力，其他当事人之间的委托关系继续存在。

3. 特殊约定

委托合同的任意解除权是否可由双方当事人通过特别约定加以限制或者排除？法律虽无明文规定，但从尊重当事人意思自治的角度出发，法律并不干涉。但是，当事人依据《民法典》第五百六十二条、第五百六十三条的规定，解除合同的权利仍然存在。

此外，若在委托事务的处理过程中发生当初未曾料到的事情变更，使得任意解除权的限制或排除条款已失公平，这样的约定可撤销。

《民法典》第五百六十二条规定："当事人协商一致，可以解除合同。当事人可以约定一方解除合同的事由。解除合同的事由发生时，解除权人可以解除合同。"）

《民法典》第五百六十三条规定："有下列情形之一的，当事人可以解除合同：（一）因不可抗力致使不能实现合同目的；（二）在履行期限届满前，当事人一方明确表示或者以自己的行为表明不履行主要债务；（三）当事人一方迟延履行主要债务，经催告后在合理期限内仍未履行；（四）当事人一方迟延履行债务或者有其他违约行为致使不能实现合同目的；（五）法律规定的其他情形。"）

4. 责任赔偿

通常情况下，一方当事人在不利于另一方当事人的情形下终止委托合同，因此给双方当事人造成损失的，应承担赔偿责任。

此外，因解除委托合同给对方造成损失的，除不可归责于该当事人的事由以外，应当赔偿损失。"不可归责于该当事人的事由"是指不可归责于解除合同一方当事人的事由，即只要解除合同一方对合同的解除没有过错，就不必对对方当事人的损失负责。

5. 撤销时机

如果受托人已经就有关委托事项作出了处理，那么，即使撤销委托也不可以变更相关事项的处理情况。所以，对于委托权的撤销应当在作出相关决定之前进行处理和认定。

第十章 持股平台控制策略

持股平台控制策略是指通过设置持股平台架构，将股权进行归集，集中控制权，也就是通过把股东的股权放置于一个主体之内，通过这个主体集中行使表决权，最终实现控制公司的目的。

10.1 认识持股平台

自然人并不直接持股主体公司，而是通过一个平台间接持有主体公司的股权，这个间接平台就是持股平台。

一般而言，持股平台的设立主要是出于股权控制和股权管理的考虑。常见的持股平台模式为合伙企业、公司制（有限责任公司或股份有限公司）；还可以是私募基金、信托计划、资管计划的形式（这三者亦被称为"三类股东"，统称"契约制"，公司上市前一般很少见）。

在招股说明书中，经常见到的是员工通过以上形式的平台对拟上市公司持股，即称为员工持股平台。

10.1.1 持股平台的优势

持股平台最大的优势是实现股权控制（公司平台实控人做大股东，有限合伙平台实控人做 GP），还有如下一些很明显的优势。

1. 保持主体公司股权的稳定性

在公司股东人数较多的情况下，如果大家仍挤在一个"锅"里，在未来股权发生变动时，股东个体的变动范围和频率都将增加，不利于公司股权的稳定。而将部分股东置于持股平台中，在未来股权发生变动时，通常是持股平台股东发生变化，主体公司股东不受影响，可以极大减少主体公司股东变动的频率，有利于保持公司股权的稳定。

2. 增加股东人数

有限责任公司股东人数最多 50 人，上面再增加一个有限责任公司或有限合伙持股平台，股东人数可以增加至 99 人。

股份有限公司股东人数最多 200 人，上面再增加一个有限责任公司或有限合伙持股平台，股东人数可以增加至 249 人，如果再增加一个股份有限公司，股东人数最多可以达到 399 人。

3. 降低税收

很多公司在搭建持股平台时，往往将平台公司注册地址选在有税收优惠的地方，如我国西藏、新疆的部分地区。计划境外上市的公司，可以考虑将平台公司注册在境外，如开曼群岛、英属维尔京群岛等。

4. 便于未来融资

《股票质押式回购交易及登记结算业务办法》（2018 年修订）第十四条规定："融入方是指具有股票质押融资需求且符合证券公司所制定资质审查标准的客户。"

《股票质押式回购交易及登记结算业务办法》（2018 年修订）第十五条第三、第四款规定："融入方不得为金融机构或者从事贷款、私募证券投资或私募股权投资、个人借贷等业务的其他机构，或者前述机构发行的产品。符合一定政策支持的创业投资基金及其他上交所认可的情形除外。"

根据股票质押新规，质押融资主体不能是个人，因此如果自然人直接持股，将来上市后，自然人很难通过股票质押获取融资。

10.1.2 通过海底捞股权架构看持股平台的作用

张勇、施永宏、李海燕、舒萍是四川海底捞餐饮股份有限公司（以下简称海底捞）的初创人，四人各占公司 25% 的股权。后来，四人结成了两对夫妻，张勇夫妇和施永宏夫妇各占公司 50% 的股权。

随着公司发展壮大，也为摆脱家族管理的局限，2004年张勇先让自己的太太离开公司，又让施永宏的太太离开公司。2007年，张勇让施永宏也离开了海底捞，并以13年前原始出资额的价格从施永宏夫妻手中购买了18%的股权。至此，张勇夫妇持有海底捞68%的股权，成为绝对控股股东。

在持股方式上，张勇采用了有限责任公司持股平台模式，成立简阳市静远投资有限公司（以下简称静远投资），将四人所持海底捞股份的一半通过静远投资代持，而静远投资的控制人是张勇（见图10-1）。

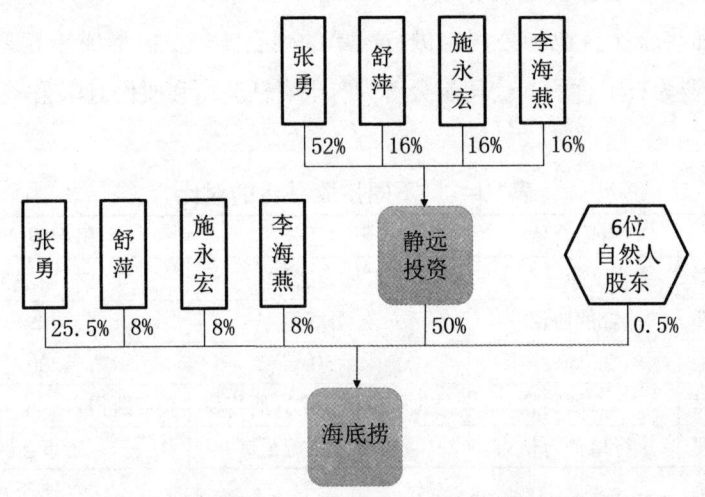

图10-1 海底捞通过有限责任公司进行持股架构设计

张勇通过直接控制静远投资，加上个人直接持有的海底捞股权，间接控制了海底捞76%的股权，夫妻二人更是控制了84%的股权份额。

截至2018年海底捞上市，主体公司为开曼群岛注册成立的海底捞国际控股有限公司，张勇夫妇"直接+间接"持股62.7%，控制海底捞74.58%的股份。

在此说一句，有限责任公司具有法人资格，能够独立进行民事行为，便于资本运作。静远投资虽然对内是持股平台，但对外则能更多参与投资，与投资标的公司（海底捞）可以相互进行资本运作。

10.2 持股平台的形式

持股平台的形式主要有五种：合伙企业（主要讲有限合伙）、公司制（有限责任公司和股份有限公司）、私募基金、信托计划、资管计划。

其中，私募基金、信托计划和资管计划，在上市时存在诸多麻烦，企业采取这三种持股平台需谨慎操作。

下面将合伙企业和公司制进行简单的列表比较，以形成较直观的印象（合伙企业为有限合伙，公司制分解为有限责任公司和股份有限公司）（见表10–1）。

表10–1 不同持股平台的对比

对比项	有限合伙	有限责任公司	股份有限公司
法律依据	《合伙企业法》	《公司法》	《公司法》
基础文件	合伙协议	公司章程	公司章程
人数限制	2～50人	1～50人	2～200人
税收情况	个人所得税	企业所得税、个人所得税	企业所得税、个人所得税
日常管理	执行事务合伙人	董事会或执行董事	董事会

10.2.1 有限合伙持股平台

主体公司出资成立有限合伙企业，通过受让主体公司股东或对主体公司增资扩股，使该有限合伙企业成为主体公司的股东。合伙人则可以通过签订合伙协议，约定普通合伙人和有限合伙人的行为，界定合伙人的权利和义务。

根据《合伙企业法》的规定，有限合伙企业由普通合伙人执行合伙事务，有限合伙人不执行合伙事务，不得对外代表有限合伙企业。因此，主体公司创始股东（大股东）为实现对持股平台表决权的控制，通常担任有限合伙企业的普通合伙人，也可以由主体公司创始股东（大股东）授权代理人、高管或其他人担任普通合伙人执行合伙事务。

通过有限合伙企业作为员工持股平台，主体公司创始股东（大股东）

只需要在持股平台持有少量的财产份额就能牢牢掌控其控制权。当主体公司召开股东会/股东大会时，持股平台作为主体公司的股东之一，其投票权直接由创始股东（大股东）控制。

但由于普通合伙人需要承担无限连带责任，所以采用规避操作也成为常见方式，即主体公司创始股东（大股东）设立一个有限责任公司作为持股平台的普通合伙人。

10.2.2 公司形式持股平台

主体公司创始股东（大股东）通过出资设立特殊目的公司（一般为有限责任公司或股份有限公司），通过受让主体公司原股东股权或对拟上市公司增资扩股，使该特殊目的公司成为拟上市公司的股东。

成立特殊目的公司持股平台比有限合伙企业持股平台的法律风险要低，但税务方面要同时征收公司所得税和个人所得税，因此特殊目的公司本身需要一定的运营管理成本，这些成本将降低持股平台股东的受益。

有限责任公司/股份有限公司作为主体公司的持股平台，其股东可以依据《公司法》和平台公司章程的规定在平台公司行使股东权利。但因其股东不是主体公司的直接股东，因而无权参与主体公司的股东会/股东大会，也无权直接在主体公司行使股东权利。

平台公司作为主体公司的法人股东，以整体在主体公司依据所占股权份额行使股东权利。因此，平台公司股东可共享主体公司利润与收益，但对主体公司股东会/股东大会没有影响。

主体公司创始股东（大股东）一般也是平台公司控股股东，并担任董事长或总经理。也可以由主体公司创始股东（大股东）授权代理人、高管或其他人担任平台公司法定代表人，以确保平台公司稳定可控。在主体公司召开股东会/股东大会时，平台公司作为主体公司的股东之一，其股份所对应的表决权便由主体公司创始股东（大股东）掌控了。

10.2.3 私募基金持股平台

《中华人民共和国证券投资基金法》第二条规定："在中华人民共和国境

内，公开或者非公开募集资金设立证券投资基金（以下简称基金），由基金管理人管理，基金托管人托管，为基金份额持有人的利益，进行证券投资活动，适用本法；本法未规定的，适用《中华人民共和国信托法》、《中华人民共和国证券法》和其他有关法律、行政法规的规定。"

契约型私募基金、公司制私募基金和合伙制私募基金都可以作为持股平台，但区别在于企业是否拟IPO。

契约型私募基金属于"信托持股结构"，特点是在金融产品背后的实际出资人的情况难以真正披露，且存在不可知的变动的可能。结合证监会对拟IPO企业股群清晰、稳定的要求，这类金融产品在企业IPO之前被要求清理。

公司制、合伙制私募基金背后的实际出资人清晰可见，且工商登记信息稳定，在实践中是可以接受的股权平台，企业IPO之前不被要求清理。

10.2.4 信托计划持股平台

《信托法》第二条规定："本法所称信托，是指委托人基于对受托人的信任，将其财产权委托给受托人，由受托人按委托人的意愿以自己的名义，为受益人的利益或者特定目的，进行管理或者处分的行为。"

信托计划是实现员工持股计划的良好运作平台，具体方式是：主体公司通过委托信托公司设立信托计划管理员工持股计划，并由该信托计划通过在二级市场购买等方式获取主体公司股票，将员工与主体公司股票间的直接持有关系拆分为两个持有关系，实现了财产分离和风险隔离。

而且，涉及股权转让的相关文件中并未对信托计划作限制性规定，实践中信托计划可以作为拟挂牌主体公司的股东参与挂牌，不会被证监会要求清理。

10.2.5 资管计划持股平台

2015年10月16日发布的《全国中小企业股份转让系统机构业务问答（一）——关于资产管理计划、契约型私募基金投资拟挂牌公司股权有关问题》（以下简称《业务问答（一）》），针对基金子公司资产管理计划、证券公司资产管理计划、契约型私募基金，能否投资拟挂牌全国股转系统的公司股份进行了解释。

1. 基金子公司资产管理计划

《基金管理公司特定客户资产管理业务试点办法》第九条规定："资产管理计划资产应当用于下列投资：（一）现金、银行存款、股票、债券、证券投资基金、央行票据、非金融企业债务融资工具、资产支持证券、商品期货及其他金融衍生品；（二）未通过证券交易所转让的股权、债权及其他财产权利；（三）中国证监会认可的其他资产。投资于前款第（二）项和第（三）项规定资产的特定资产管理计划称为专项资产管理计划。基金管理公司应当设立专门的子公司，通过设立专项资产管理计划开展专项资产管理业务。"

因此，基金子公司可通过设立专项资产管理计划，投资拟挂牌全国股转系统的公司股权。

2. 证券公司资产管理计划

《证券公司定向资产管理业务实施细则》第二十五条规定："定向资产管理业务的投资范围由证券公司与客户通过合同约定，不得违反法律、行政法规和中国证监会的禁止规定，并且应当与客户的风险认知与承受能力，以及证券公司的投资经验、管理能力和风险控制水平相匹配。定向资产管理业务可以参与融资融券交易，也可以将其持有的证券作为融券标的证券出借给证券金融公司。"

《证券公司客户资产管理业务管理办法》第十五条规定："证券公司为客户办理特定目的的专项资产管理业务，应当签订专项资产管理合同，针对客户的特殊要求和资产的具体情况，设定特定投资目标，通过专门账户为客户提供资产管理服务。证券公司可以通过设立综合性的集合资产管理计划办理专项资产管理业务。"

因此，证券公司定向、专项资产管理计划可由券商与客户约定，投资拟挂牌全国股转系统的公司股权。

3. 契约型私募基金

《私募投资基金监督管理暂行办法》第二条第二款规定："私募基金财产的投资包括买卖股票、股权、债券、期货、期权、基金份额及投资合同约定的其他投资标的。"

因此，契约型私募基金的投资范围包括拟挂牌全国股转系统的公司股权。

4. 在挂牌审查时是否需要还原至实际股东

《非上市公众公司监管指引第 4 号——股东人数超过 200 人的未上市股份有限公司申请行政许可有关问题的审核指引》第三条第二款规定："以私募股权基金、资产管理计划以及其他金融计划进行持股的，如果该金融计划是依据相关法律法规设立并规范运作，且已经接受证券监督管理机构监管的，可不进行股份还原或转为直接持股。"

因此，依法设立、规范运作且已在中国基金业协会登记备案并接受证券监督管理机构监管的基金子公司资产管理计划、证券公司资产管理计划、契约型私募基金，其所投资的拟挂牌公司股权在挂牌审查时可不进行股份还原，但须做好相关信息披露工作。

《业务问答（一）》中还明确规定，上述基金子公司及证券公司资产管理计划、契约型私募基金所投资公司申请在全国股转系统挂牌时，股份可以直接登记为产品名称。

因此，作为接受监管的资产管理计划金融产品，由于其规范性和可委托金融机构操作的简便性，越来越多地被用于持股平台架构。

10.3 持股平台案例

因为大公司持股平台的设计相对复杂，采用的模式也并非单一，因此持股平台的设计多是混合模式。

10.3.1 绿地集团职工持股会持股平台模式

绿地控股集团有限公司（以下简称绿地集团）成立于 1992 年，原为上海市国资委下属的国有企业。

1997 年，绿地集团设立职工持股会向职工集资，集资完毕，职工持股会占比为 18.88%。后来经过多次增资和变更，至 2003 年职工持股会最高时持股达 58.77%，占控股地位；2009 年 12 月，职工持股会的持股比例降低为 46.02%；2012 年 10 月，职工持股会的持股比例再次降低为 36.43%。

2013 年，绿地集团成为中国第一家跻身《财富》世界 500 强的以房地产为主业的综合性集团。上海市国资委同意绿地集团通过借壳金丰投资（上海国资委为实际控制人）实现 A 股上市。

彼时，绿地集团的股权划分情况为：职工持股会共包括 982 名成员，共持股 29.09%；上海市国资委 100% 控股的国企持股 48.45%；民企上海市天宸股份有限公司持股 2.31%；2013 年 11 月公开挂牌征集增资对象（平安创新资本、鼎晖嘉熙、宁波汇盛聚智、珠海普罗、国投协力），五家外部投资者共持股 20.15%（平安创新资本持股 10.01%）。

待阅读 10.3.4 可知，相关法律已停止审批职工持股会作为发起人或股东，但也并非全无绿灯，不过绿地集团想实现上市，仍须先解决职工持股会持股的问题。

绿地集团没有采取直接将全部员工持股还原的方式，因为绿地集团职工持股会涉及的人数近千人，还原后员工个人持股将极为分散，员工作为股东将享有对股东会/股东大会决议的投票权，届时管理层将失去对公司的控制权。

绿地集团采用了有限合伙企业持股平台模式，将职工持股会的股份整体转换到有限合伙企业持股平台上。

但由于法律规定有限合伙企业的合伙人不能超过 50 人，因此 982 名员工的持股分别被置入 32 家有限合伙企业。这 32 家有限合伙企业是小合伙企业，依次序分别为：上海格林兰壹投资管理中心（有限合伙），上海格林兰贰投资管理中心（有限合伙）……上海格林兰叁拾贰投资管理中心（有限合伙）。

32 家小合伙企业内的绿地集团职工作为有限合伙人，绿地集团 43 位管理层成员出资 10 万元设立上海格林兰投资管理有限公司（以下简称"格林兰公司"）作为普通合伙人，执行合伙事务。

再由 32 家小合伙企业作为有限合伙人，格林兰公司作为普通合伙人，组成上海格林兰投资企业（有限合伙）（以下简称格林兰企业），即大合伙企业。

由格林兰企业与职工持股会签署《吸收合并协议》，约定有关资产、负债、业务等的承继与承接，将职工持股会持有绿地集团29.09%的股权变更至格林兰企业名下，格林兰企业成为绿地集团的直接股东（如图10-3所示）。

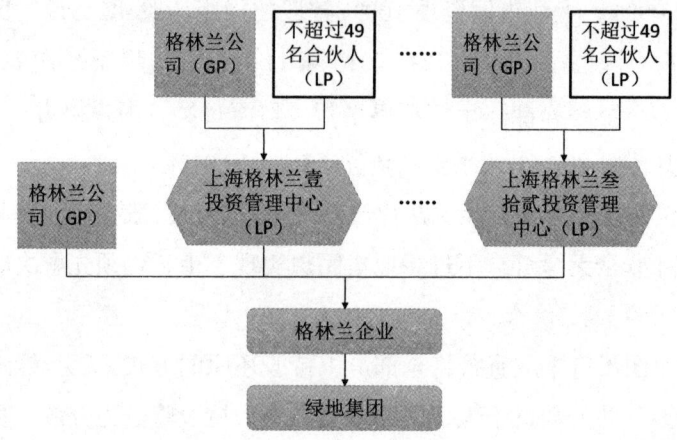

图10-3 绿地集团有限合伙企业持股平台

通过这样的设计，绿地集团的股权并未分散，管理层继续掌控原职工持股会29.09%的股份。

10.3.2 持股平台股东人数超限能否上市

2013年12月26日，中国证监会公布〔2013〕54号《非上市公众公司监管指引第4号——股东人数超过200人的未上市股份有限公司申请行政许可有关问题的审核指引》第三条第一、第二款规定："股份公司股权结构中存在工会代持、职工持股会代持、委托持股或信托持股等股份代持关系，或者存在通过'持股平台'间接持股的安排以致实际股东超过200人的，在依据本指引申请行政许可时，应当已经将代持股份还原至实际股东、将间接持股转为直接持股，并依法履行了相应的法律程序。以私募股权基金、资产管理计划以及其他金融计划进行持股的，如果该金融计划是依据相关法律法规设立并规范运作，且已经接受证券监督管理机构监管的，可不进行股份还原或转为直接持股。"

绿地集团与金丰投资的重组方案于2015年6月获得证监会批复，绿地集团实现借壳上市。

绿地控股的借壳上市案，并未被要求按上述规定将员工持股平台的持股还原到员工直接持股，管理层对公司控制权的设计得以保留。

其实，不仅是绿地集团，其他企业也有相关操作成功的案例。从新三板转到创业板上市的科顺防水科技股份有限公司，申请上市时股东为336人，在新三板挂牌时股东超过200人，并包括多家有限合伙企业。该公司已于2017年12月6日获得审核通过，对于股东人数超过200人的问题，并未要求还原到实际股东。

10.3.3 华为工会持股平台模式

借助企业工会代为持有股份，就是借助持股平台为部分股东掌管其所拥有的实股与虚股的除分红权以外的权利。

华为公司从1990年发起员工持股，员工最初以每股1元参股，以税后利润15%作为分红；到1997年6月进行股权结构改制，将员工所持股份分别由两家公司工会集中托管，并代行股东表决权；到1999年再次进行股权结构调整，员工不再直接持有公司股权，全部变成虚拟持股；再到2000年12月，"华为新技术公司工会"持有的11.85%的股权并入华为公司工会，任正非持有的1.1%股份单独剥离。至此，华为公司在工商行政管理局注册的两个股东为华为公司和任正非，任正非独立股东地位得到明确。

2001年，深圳市政府颁布了新的《深圳市政府内部员工持股规定》，规定"员工持股会"负责员工股份托管和日常运作，以社团法人登记为公司股东。同年7月，华为公司通过了股票期权计划，推出了《华为技术有限公司虚拟股票期权计划暂行管理办法》。

2003年，华为投资控股有限公司成立，华为公司原有的内部员工持股、期权激励都被平移至华为控股平台——华为控股工会。

华为控股公司每年增资扩股，由实体股东按当年每股净资产价格增加出资，再将等比例虚拟股出售给员工。员工签署合同后交回公司保管，没有副本，没有持股凭证，每个员工有一个内部账号，可以查询自己的持股数量。

10.3.4 职工持股会及工会持股平台模式能否上市

通过 10.3.1 和 10.3.4 了解了职工持股会及工会持股平台模式，那么这两种股权架构是否可以上市呢？

可以从两项法律复函和法律意见中找到答案。

证监会法律部〔2000〕24 号《关于职工持股会及工会能否作为上市公司股东的复函》：

"根据国务院《社会团体登记管理条例》和民政部办公厅 2000 年 7 月 7 日印发的《关于暂停对企业内部职工持股会进行社团法人登记的函》（民办函〔2000〕110 号）的精神，职工持股会属于单位内部团体，不再由民政部门登记管理。对此前已登记的职工持股会在社团清理整顿中暂不换发社团法人证书。因此，职工持股会将不再具有法人资格。在此种情况改变之前，职工持股会不能成为公司的股东。

"另外，根据中华全国总工会的意见和《中华人民共和国工会法》的有关规定，工会作为上市公司的股东，其身份与工会的设立和活动宗旨不一致，可能会对工会正常活动产生不利影响。因此，我会也暂不受理工会作为股东或发起人的公司公开发行股票的申请。"

证监会法协字〔2002〕第 115 号《关于职工持股会及工会持股有关问题的法律意见》：

"一、我会停止审批职工持股会及工会作为发起人或股东的公司的发行申请主要有两点考虑。其一，防止发行人借职工持股会及工会的名义变相发行内部职工股，甚至演变成公开发行前的私募行为。其二，在民政部门不再接受职工持股会的社团法人登记之后，职工持股会不再具备法人资格，不再具备成为上市公司股东及发起人的主体资格，而工会成为上市公司的股东与其设立和活动的宗旨不符。

"二、我部认为，与发行申请人有关的工会或职工持股会持股的三种情形，建议分别处理。1.对已上市公司而言，在受理其再融资申请时，应要求发行人的股东不存在职工持股会及工会，如存在的，应要求其按照法律部〔2000〕24号文要求规范。2.对拟上市公司而言，受理其发行申请时，应要求发行人的股东不属于职工持股会及工会持股，同时，应要求发行人的实际控制人不属于职工持股会及工会持股。3.对于工会或职工持股会持有拟上市公司或已上市公司的子公司股份的，可以不要求其清理。"

但是，职工持股会及工会作为股东就一定无法通过上市审核吗？

2012年9月，证监会通过《非上市公众公司监督管理办法》，其中明确规定：股东人数超过200人的非上市公众公司，应该做到股权明晰、合法规范经营、公司治理机制健全、履行信息披露义务，符合条件的可申请在新三板挂牌或证交所上市，股东人数超过200人没在新三板挂牌也没在证交所上市的，应当按相关要求规范后申请纳入非上市公众公司监管。

从2002年就开始谋求上市的创业板第一股——温氏食品集团股份有限公司（以下简称温氏集团）即实行全员持股，因工会代员工持股人数超过200人而上市受阻。

在2013年12月事情迎来转机，《非上市公众公司监督管理办法》再次修改，增加"本办法施行前股东人数超过200人的股份有限公司，符合条件的，可以申请在全国中小企业股份转让系统挂牌公开转让股票、首次公开发行并在证券交易所上市"。

至此，温氏集团得以重新谋求上市。

2013年,温氏集团工会与6789名自然人解除代持关系,将代持股权还原至6789名自然人持有,并进行公证。

2014年6月,温氏集团向广东省股权托管中心申请进行公司股份托管。同年9月,温氏股份集团通过证监会审核,成为非上市公众公司。

2015年温氏集团通过换股吸收,合并已上市的广东大华农动物保健品股份有限公司,终于11月2日在深圳创业板实现整体上市。

第十一章 AB股控制策略

企业在发展壮大过程中免不了会进行融资，而融资就会稀释创始人（及团队）的股权，而股权涉及企业掌控权，为避免股权经多轮稀释后导致企业控制权旁落，很多大企业采用AB股策略，将企业控制权紧握手中。

11.1 AB股模式

AB股模式又称"双层股权结构"，是人为地将企业股权划分不同等级，通常分为A和B两个等级，不同等级具有不同表决权（仅限于投票权）。A类股对应每股有1票投票权，B类股对应每股有N票（通常为10票）投票权。A类股一般为外部投资者持有，此类股东看好企业前景，甘愿牺牲一部分或全部表决权换取入股机会。B类股一般由企业创始人（及团队）和管理层持有，通过少量控股达到多数控制投票权的目的。

11.1.1 什么是AB股控制策略

采用AB股股权结构有利于成长型企业引进股权融资，同时又能避免股权过度稀释导致创始团队失去对企业的控制权。

比如，D作为甲公司创始人，经过三轮融资后持股45%，三位外部投资股东E、F、G分别持股25%、20%、10%。如果该公司采用常规股权制度，则D的控股占比未过半，对于公司在需要经过过半数股东同意的事项上D没有决定权，对于需要经过三分之二股东同意的重大事项上D更不具有决定权，如此 D 等于失去了对公司的控制权。

如果另三位外部投资股东联合起来，占股比已经过半，能够对该公司形成控制权。D 掌控的对公司具有影响力的权利是"一票否决权"，但如果因为无法掌控公司而启用该项权利，则意味着公司经营将陷入僵局，很可能导致公司最终解散。

如果该公司采用 AB 股制度，对外部投资者 E、F、G 发行 A 类股票，创始人 D 和管理层持有 B 类股，规定 A 类股对应每股有 1 票投票权，B 类股对应每股有 10 票投票权。假设，甲公司的注册资本为 1000 万股，则 D 的投票权为 450 万股 ×10 票，E 的投票权为 250 万股 ×1 票，F 的投票权为 200 万股 ×1 票，G 的投票权为 100 万股 ×1 票。该公司表决权比例为：D 占 89.11%，E 占 4.95%，F 占 3.96%，G 占 1.98%。

可见，采用 AB 股控制策略后，该公司可以继续吸纳投资，壮大发展。

11.1.2 通过多企业股权架构看AB股模式

AB 股架构受到众多新型科技公司青睐，因为高科技公司无论技术有多么先进，前期的发展和推广都需要大量烧钱。在募集资金的过程中，同股同权与融资规模是一对冲突关系，保留股权就会损失融资机会，抓住融资机会就会导致公司控制权丧失。

AB 股架构可以解决这一问题，但前提是公司必须有足够强的核心竞争力，否则 AB 股模式较难吸引投资方。

Google 公司在上市前将股票切分为 A、B 两类，向所有外部投资人发行的均为 A 类股，每股对应 1 票投票权；Google 的创始人和高管持有 B 类股，每股对应 10 票投票权。Google 公司的两位共同创始人拉里·佩奇和谢尔盖·布林，加上 CEO 埃里克·施密特，三人一同持有 Google 公司约三分之一的 B 类股，牢牢掌控着公司决策权。

京东创始人刘强东曾说："如果不能控制这家企业，我宁愿把它卖掉。"他也一直在用各种方式保证自己对京东的控制权。在 9.2.1 中已知，在拟上市前，刘强东通过设立在英属维尔京群岛的 Max Smart Limited 公司持有京东 18.4% 的股份，虽然持股比例并不高，但通过与 DST 全球基金、红杉资本等达成投票权委托协议，掌握了京东超过 50% 的控制权。

但 IPO 意味着控制权被进一步稀释的风险，所以在上市前夕，京东通过议案设立 AB 股，刘强东及管理层持有的 B 类股对应每股代表 20 票表决权，其他股东持有的 A 类股对应每股代表 1 票表决权。刘强东及其团队借此掌握了京东 80% 的表决权。

试想，如果没有投票权委托和 AB 股架构保障控制权，刘强东的很多想法恐怕都不易实现——比如大力发展物流和仓储——京东今日的辉煌只能停留在蓝图上。

AB 股架构作为保障控制权的有效手段广为人知，但它还有另一种作用——防止恶意并购。在这方面，国内最早实施 AB 股架构的百度深有体会。

早在 2005 年，与更早的 eBay 一样，当时的 Google 雄心勃勃地想占据中国市场，其策略是收购或控股百度。百度岂能坐以待毙，其启动"牛卡计划"，将在美国股市新发行的股票设为 A 股，每股只有 1 票表决权；李彦宏及创始团队所持股份则为 B 股，每股享有 10 票表决权。如此模式下，只要李彦宏及创始团队所持股份占百度总股份的 11.3% 以上，Google 就无法控制百度。

因此，AB 股架构非常有利于企业创始团队和管理层排除其他股东或"野蛮人"的干扰，牢固地掌控企业控制权，坚定地实现企业的长期发展蓝图。

11.1.3 AB 股架构的特征

作为一种与普通股权结构存在较大区别的公司制度，AB 股架构存在以下四项特征。

1. 差额比例表决权

这是最明显的，也是一直在阐述的特征。与单一股权结构公司不同，双层股权结构公司下的两类普通股份行使的是差额比例表决权，常见的 A

类普通股每股有 1 票表决权，B 类普通股每股有 N 票表决权。具体 B 类普通股每股享有多少表决权，公司自行设定，投票权数通常是 A 类普通股的几倍到几十倍不等，多者可能上百倍。

差额比例表决权最直接的反映是，股东出资与表决权行使不成比例，从经济学层面看，即股东现金流量权和投票权的分离。双层股权结构可使创始人（及团队）用较少的现金流资本掌握公司较大部分投票权，终极目的是创始人（及团队）用较少的企业所有权占比实现对公司的控制。

2. 同等财产收益权

股东权利是综合性的，包括财产性权利与非财产性权利。财产性权利体现在公司的营利性上，决定了股东享有从公司获得财产收益的权利；非财产性权利体现在法律规定和公司章程上，赋予了股东参加公司治理的权利。

财产性权利具体包括：盈余分配请求权、剩余财产分配请求权；非财产性权利具体包括：股东表决权、知情权、诉讼权、监督权等。（参见 3.3 各项股东权利）

在双层股权结构中，不同投票权股份（A 类股和 B 类股）均属于普通股范畴，差异性只体现在表决权上。

在利润分配、剩余财产分配的顺序和应得利润的权利方面，A 类股与 B 类股是相同的，B 类股并不比 A 类股有优先性。

在分红比例方面，企业为吸引外部投资者购买 A 类股，可能承诺对 A 类股给予分红上的优惠。

此外，A、B 两类普通股在诸如知情权、诉讼权、监督权等附属性权利的行使中也不存在差异。因此，企业在设定 AB 股模式时，只能创设表决权（倾向 B 类股）或财产权（分红倾向 A 类股）不同的股票，不能创设附属性权利不同的股票。

3. 不同股份流通性

双层股权结构架设的目的在于保证企业控制权的稳定性，其稳定的根本不在于股权，而在于持股者，因此 B 类股持有者必须保持稳定性，这就导致 A 类股与 B 类股在流通性方面存在差异。

企业在一级股票市场上向外部投资者公开发行 A 类股，但向创始人（及团队）定向发行 B 类股，规定 A 类股可以在二级股票市场上自由流通，B 类股既不可以在二级股票市场上自由流通，也不可以在非公开市场上自由转让。

这样的规定是要让 B 类股稳定在创始人（及团队）手中，只有在发生特定情况（如创始人不满足最低持股要求、创始人退休/丧失工作能力等）时，B 类股转换成 A 类股之后才可以进入二级股票市场自由流通。

因为大量持有 B 类股就等于掌控企业控制权，因此必须保证 B 类股的独立性，即 B 类股转换成 A 类股具有单向性，A 类股在任何情况下都不可能转换成 B 类股。

4.持有主体限定性

通过大量市场分析得出：双层股权结构多为家族企业、传媒企业、高科技公司所采用。

家族企业治理的宗旨之一是要维持本家族（本代及后续几代继承者）对企业的控制权；传媒企业基于维护新闻报道的客观性与真实性的理念，良好的企业文化与稳定的控制权是极为必要的；高科技公司在发展"烧钱"的过程中，需要做到既吸收外部资本，又能维持创始人（及团队）对企业的控制。

无论哪种类型的企业，B 类股的持有者都是对企业具有强烈控制权需求的股东，A 类股的持有者一般更看重企业的财产收益权。

11.1.4 AB股模式不是万能的

通过许多公司的实践效果看，AB 股模式似乎无懈可击。但事实上，AB 股模式是把锋利的双刃剑。缺陷可总结为以下两点。

（1）创始人（及团队）话语权过重，投资人投钱之后一般没有话语权，企业形成"一言堂"的局面，也会滋生腐败。

（2）因为 A 类股没有实质表决权，导致企业在融资过程中困难重重。

AB股制度打破了"同股同权"的平衡,把控制权集中在创始人(及团队)手中,在决策正确发展良好的前提下,大家相安无事。但是,如果创始人(及团队)决策失误,所有股东都将成为决策失误的受害者。

11.2 AB股架构的其他形式

因为国内A股不允许AB股股权结构的企业上市,因此出现了"类AB股模式",还有"超级AB股模式"和"ABC股多层模式",这些都是常规AB股模式的变形。

11.2.1 小米采用AB股架构上市

2018年5月3日,小米正式向港交所提交了自己的上市申请。在此次赴港上市之前,创始人雷军对小米控制权进行改革,采用"同股不同权"的双层股权设计。

小米将股票分为A类股和B类股,A类股每股有10票投票权,B类股每股有1票投票权。雷军和联合创始人林斌两人同时持有A类股和B类股,其他股东只能持有B类股。

雷军持有A类股占总股份的20.51%,持有B类股占总股份的10.9%,合计拥有的投票权比例为55.7%。

林斌持有A类股占总股份的11.46%,持有B类股占总股份的1.87%,合计拥有的投票权比例为30%。

因小米在开曼群岛注册成立,按《开曼群岛公司法》和公司章程规定,小米集团的重大事项须经三分之二表决权的股东同意通过,普通事项须经半数以上表决权的股东同意通过。雷军拥有55.7%的投票权,可以独自决定普通事项。雷军和林斌共同拥有85.7%的投票权,可以共同决定重大事项。

小米的IPO招股书中明确提出,小米是一家"于开曼群岛注册成立以不同投票股控制的有限公司"。2018年7月9日,小米在香港证券交易所正式挂牌上市，不仅成为当年港股市场最大规模 IPO，同时成为港交所"同股不同权"改革以来第一家以"不同投票权"架构申请上市的高科技公司。

11.2.2 中国A股的"类AB股模式"

根据 2.2.1 中《国务院关于开展优先股试点的指导意见》中相关规定可知，虽然国内 A 股不允许企业采用 AB 股模式，也不允许 AB 股模式的企业上市，但允许企业发行优先股，以实现投票权的分层设计，保护企业创始人（及团队）和管理层对企业的控制权。

山东晨鸣纸业集团股份有限公司（以下简称晨鸣纸业）是国内发行优先股的上市公司，其优先股募集说明书中写道："截至 2014 年 9 月 30 日，控股股东晨鸣控股（晨鸣控股有限公司）持股比例为 15.13%，由于控股股东的持股比例较低，如果发行普通股则控股股东的股权将会被进一步稀释，不利于公司控制权的稳定。"

经批准后，晨鸣纸业于 2016 年 3 月、8 月、9 月，分三期发行共 4500 万股优先股。首次发行的固定股息率为 4.36%，自第 6 个计息年度起，如果公司不行使全部赎回权，每股股息率在第 1～5 个计息年度股息率基础上增加 2 个百分点，第 6 个计息年度股息率调整之后保持不变。

相比于普通股而言，优先股只对特殊事项有投票权，对其他事项无投票权，但有固定股息率，可优先分配利润。购买优先股的股东，就如投资私募并不要求拥有投票权一样。

再来说一下国内 A 股对在境外上市的新经济和独角兽企业的态度。

包括阿里巴巴、网易、京东等在内的多家境外上市公司都表示有意回归 A 股，但这些公司多实行 AB 股模式或 VIE 架构。VIE 架构就是可变利益实体，也称"协议控制"，即不通过股权控制实际运营公司而通过签订各种协议的方式实现对实际运营公司的控制及财务的合并。

按之前 A 股的上市规定，境外上市公司回归 A 股需要放弃 AB 股架构或拆分 VIE 架构。

在美国上市的三六零公司，完成回归A股历时两年多的时间，先于2015年6月提出私有化要约，并于2016年7月完成美国退市，再拆分VIE架构，后通过借壳江南嘉捷回归A股，最终于2017年12月29日获得审核通过。

为了缩短企业回归A股的进程，减少时间成本，2018年3月22日，国务院办公厅转发证监会《关于开展创新企业境内发行股票或存托凭证试点若干意见的通知》（以下简称本意见），允许试点企业采用新模式在A股上市，主要内容包括如下几个方面。

（1）试点企业应当是符合国家战略、掌握核心技术、市场认可度高，属于互联网、大数据、云计算、人工智能、软件和集成电路、高端装备制造、生物医药等高新技术产业和战略性新兴产业，且达到相当规模的创新企业。

（2）已在境外上市的大型红筹企业，市值不低于2000亿元人民币；尚未在境外上市的创新企业（包括红筹企业和境内注册企业），最近一年营业收入不低于30亿元人民币且估值不低于200亿元人民币，或者营业收入快速增长，拥有自主研发、国际领先技术，同行业竞争中处于相对优势地位。试点企业具体标准由证监会制定。本意见所称红筹企业，是指注册地在境外、主要经营活动在境内的企业。

（3）试点企业可根据相关规定和自身实际，选择申请发行股票或存托凭证上市。允许试点红筹企业按程序在境内资本市场发行存托凭证上市；具备股票发行上市条件的试点红筹企业可申请在境内发行股票上市；境内注册的试点企业可申请在境内发行股票上市。本意见所称存托凭证，是指由存托人签发、以境外证券为基础在中国境内发行、代表境外基础证券权益的证券。

（4）试点企业在境内发行股票应符合法律法规规定的股票发行条件。其中，试点红筹企业股权结构、公司治理、运行规范等事项可适用境外注册地公司法等法律法规规定，但关于投资者权益保护的安排总体上应不低于境内法律要求。对存在协议控制架构的试点企业，证监会会同有关部门区分不同情况，依法审慎处理。

（5）试点红筹企业在境内发行以股票为基础证券的存托凭证应符合证券法关于股票发行的基本条件，同时符合下列要求：一是股权结构、公司治理、运行规范等事项可适用境外注册地《公司法》等法律法规规定，但关于投资者权益保护的安排总体上应不低于境内法律要求；二是存在投票权差异、协议控制架构或类似特殊安排的，应于首次公开发行时，在招股说明书等公开发行文件显要位置充分、详细披露相关情况，特别是风险、公司治理等信息，以及依法落实保护投资者合法权益规定的各项措施。

（6）试点企业及其控股股东、实际控制人等相关信息披露义务人应真实、准确、完整、及时、公平地披露信息，不得有虚假记载、误导性陈述或重大遗漏。试点红筹企业原则上依照现行上市公司信息披露制度履行信息披露义务。试点红筹企业及其控股股东、实际控制人等相关信息披露义务人在境外披露的信息应以中文在境内同步披露，披露内容应与其在境外市场披露内容一致。

（7）试点红筹企业在境内发行证券，应按照证券法等法律法规规定披露财务信息，并在上市安排中明确会计年度期间等相关问题。试点红筹企业在境内发行证券披露的财务报告信息，可按照中国企业会计准则或经财政部认可与中国企业会计准则等效的会计准则编制，也可在按照国际财务报告准则或美国会计准则编制的同时，提供按照中国企业会计准则调整的差异调节信息。

按此要求，符合条件的试点红筹企业（市值不低于2000亿元人民币或年营收不低于30亿元人民币且估值不低于200亿元人民币），可通过发行存托凭证的方式实现在A股上市，存在AB股模式的也不要求调整，只要求充分详细披露信息。

在尚未全面放开AB股等多重投票权模式情况下，允许符合条件的试点红筹企业在A股上市，一方面要对企业进行法律监督，另一方面也是对中小股民的保护。

11.2.3 巨人网络的超级AB股模式

所谓"超级 AB 股模式",就是常规 AB 股模式的升级,是针对持有企业股票特别稀少的情况下采用的。

2016—2017 年,巨人网络集团股份有限公司(以下简称巨人网络)通过借壳重庆新世纪游轮股份有限公司回归 A 股上市。巨人网络公告显示,公司与十家财团在境外成立 Alpha 公司,用于收购以色列高科技公司 Playtika。十家财团对 Alpha 公司的持股比例为 99.98%,巨人网络只通过巨人游戏(香港)公司(以下简称巨人游戏)持股 0.02%。

Playtika 公司作为被收购方,管理团队希望收购方熟悉游戏行业,能够在未来经营管理中给予 Playtika 更多支持。而对 Alpha 公司持股达 99.98% 的十家财团并不从事游戏业务,更没有游戏行业的经营管理经验,此一项不符合 Playtika 管理团队的要求。

但是,对 Alpha 公司持有 0.02% 股份的巨人网络是国内较早进入网络游戏领域的公司之一,取得了不俗的市场成绩和玩家口碑,奠定了网游行业的知名度。如果巨人网络和 Playtika 公司合作,势必能发挥协同效应,这一点符合 Playtika 公司的选择标准。

Playtika 公司也考虑到了巨人网络的优势,但症结在于巨人网络只通过巨人游戏在 Alpha 公司占 0.02% 的股权,难以让人相信 Playtika 公司被收购后,可由巨人方主导经营。

为满足 Playtika 公司管理层要求,Alpha 公司以收购方主体身份从公司章程及相关协议约定方面给予巨人网络特殊权利。除以下特别事项须经过半数股东(含巨人网络和其他财团)同意外,其他事项皆由巨人网络决定:

(1)与本次重大资产重组相关事宜以外的并购、合并,或公司分拆,或出售全部、绝大部分公司资产;

(2)与本次重大资产重组相关事宜以外的组织性文件的修正、修改、重述;

（3）与本次重大资产重组相关事宜以外的关于公司的清算、解散、停业、重组或类似安排。

除上述特别说明的三种事项以外，Alpha 公司的其他事项都由巨人网络决定。通过这样的设计，巨人网络以极少量的持股得到了对 Alpha 公司大部分事项的决定权。

Playtika 公司的原股东和管理层由此彻底相信公司被收购后，是由熟悉网游行业的巨人方进行经营管理，同意就收购事宜进行谈判。

11.2.4 蔚来科技的ABC股模式

上海蔚来科技有限公司（以下简称蔚来科技）于 2018 年 8 月 14 日在美国提交上市申请，8 月 29 日更新招股书。

蔚来科技成立于 2014 年 11 月，创始人李斌自己投资 1.5 亿美元。

自申请上市起，蔚来科技进行了 6 轮融资，融资金额 10 亿美元。股东包括腾讯、IDG、红杉资本、高瓴资本、愉悦资本、百度资本、TPG、顺为资本、Baillie Gifford、今日资本、联想、Lone Pine、华平投资、淡马锡、GIC、中金、国开行、华夏基金、招商银行、兴业、中信资本等 51 家机构。

1. 股权结构

蔚来科技的股票分为 A、B、C 三类，A 类股每股对应 1 票投票权，B 类股每股对应 4 票投票权，C 类股每股对应 8 票投票权。

A 类股、B 类股、C 类股的持有者除表决权和转换权不同外，其他方面享有同等权利。

蔚来科技只有李斌一人持有 C 类股，持股比例为 14.5%（包含少于 0.01% 的 A 类股），能够控制蔚来科技约 48.3% 的投票权。

只有腾讯一家投资机构持有 B 类股，持股比例为 12.9%，拥有 21.5% 的投票权。

除李斌以外的管理团队全部持有 A 类股，共计持股比例为 4.3%，拥有 1.8% 的投票权。

高瓴资本持有 A 类股，持股比例为 6.4%，拥有 2.7% 的投票权。

其他投资机构全部持有 A 类股，持股比例都低于 5%。

2. 投票权变更限制

B 类股和 C 类股可随时由持有者选择转换为 A 类股票，即高阶投票权股份可向低阶投票权股份转化。

A 类股任何情况下都不得转换为 B 类股或 C 类股，即低阶投票权股份不可向高阶投票权股份转换。

当 B 类股或 C 类股对外转让时，自动转换为 A 类股。

通过这种投票权变更限制，1 股 8 票的 C 类股专属于李斌自己，1 股 4 票的 B 类股专属于腾讯。

3. 股东大会决议规则

蔚来科技股东大会决议主要规则为：①股东大会的普通决议，须获得代表过半数表决权的股东同意通过（如选举或撤换董事）；②股东大会的特别决议，须获得代表不少于三分之二表决权的股东同意通过（如修改公司章程）。

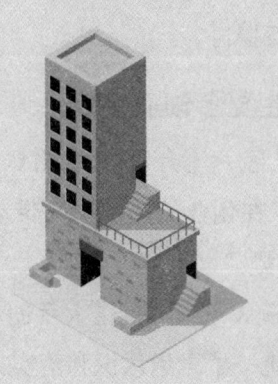

终局

第十二章　股权设计的底层支撑

股权设计对企业的生存发展非常重要，很多书籍和咨询机构讨论股权设计都从如何设计开始，并不重视股权设计的深层理论。只有透过现象看本质才能看清一件事的真实状态，股权设计也是如此，我们必须了解它的底层支撑。

12.1　股权设计的必要性

股权设计的必要性可以从时代变换、企业控制、上市需要、股权激励、股权融资五个方面进行探讨。

12.1.1　创客时代催生更多创业企业

我们进入创客时代已经六七年了，在祖国大地上掀起了"大众创业""草根创业"的浪潮，在创业的热忱中又带动了创新，形成了"万众创新""人人创新"的新态势。

2015年出台的《国务院关于大力推进大众创业万众创新若干政策措施的意见》中，从九个方面统一了思想认识和落实方针，分别是：创新体制机制，实现创业便利化；优化财税政策，强化创业扶持；搞活金融市场，实现便捷融资；扩大创业投资，支持创业起步成长；发展创业服务，构建创业生态；建设创业创新平台，增强支撑作用；激发创造活力，发展创新型创业；拓展城乡创业渠道，实现创业带动就业；加强统筹协调，完善协同机制。

为实现上述九个方面，还需做到四个坚持，即：坚持深化改革，营造创业环境；坚持需求导向，释放创业活力；坚持政策协同，实现落地生根；坚持开放共享，推动模式创新。

可以说，在政策方面已经为创业创新打开了最方便之门，创业者的热情被最大限度调动起来。但起步创业不意味着会生存下去，很多因素都将制约企业的发展，如整体环境、市场因素、经营模式、管理方式等，这些可以归结为时机问题，也可以归结为能力问题，总之是难以避免的。但最令人惋惜的一种企业"死亡方式"是股权设计失误，导致经营过程中磨难不断，最终因为长期不停的股权博弈而致使企业无力前进。

可见，股权设计是企业能够顺利发展的必要保证，创业者在自己对该方面认识不足时，可以通过专业机构帮助企业进行股权设计，即便耗费些资金也是值得的。有了优质的股权结构基础，企业未来发展能够更顺利步入快车道，没有了股权设计缺失的掣肘，企业可以在快车道上真正飞奔起来。

总之，在创业的时代，在鼓励创业的政策条件下，要勇敢与时代接轨，尝试用创造去改变自己的人生。创业不仅有助于实现个人价值，提升家庭生活水平，还是实现富民之道的根本举措。

12.1.2 保持企业控制权稳定

很多企业的股权设计具有独特性，创始人（及团队）只需要掌握很少的股权就能对企业形成控制。我们在本书中已经列举了很多相关案例，这些企业或采用合伙企业控制策略，或采用一致行动人控制策略，或采用委托投票控制策略，或采用持股平台控制策略，或采用 AB 股控制策略……无论采用哪一种控制策略，目的都是增强创始人（及团队）对企业的控制。

但这些控制策略并非一成不变，也绝不是公式化的，作为创始人应该结合企业实际状况（经营状况、融资状况、投资状况等），根据企业未来发展走向，再判断当下的整体环境，采用最符合企业的股权控制策略。当然，很多时候也并非单一采用某种控制策略，而是采用两种或两种以上控制策略，最终目的都是加强创始人（及团队）的控制权。

12.1.3 上市的必要条件

企业发展到一定程度，多数都会投入资本市场的怀抱，因为进入资本市场是企业持续快速发展的重要保障。相信，绝大多数创业者都有一个上市梦，做好这个梦，企业才算真正步入具有传承性或者"独角兽"的行列。

但只要涉及上市，资本市场都会要求企业的股权结构清晰、合理，不得存在重大不确定性。下面，根据企业上市会涉及的各类要求，列出一些企业上市必须遵守的法律规章，仅供参考。

1. 首发上市办法的相关要求

《首次公开发行股票并上市管理办法》（2018年修正）第十三条规定："发行人的股权清晰，控股股东和受控股股东、实际控制人支配的股东持有的发行人股份不存在重大权属纠纷。"

《首次公开发行股票并上市管理办法》（2018年修正）第三十二条规定："发行人股东大会就本次发行股票作出的决议，至少应当包括下列事项：（一）本次发行股票的种类和数量；（二）发行对象；（三）价格区间或者定价方式；（四）募集资金用途；（五）发行前滚存利润的分配方案；（六）决议的有效期；（七）对董事会办理本次发行具体事宜的授权；（八）其他必须明确的事项。"

《首次公开发行股票并在创业板上市管理办法》（2018年修正）第十五条规定："发行人的股权清晰，控股股东和受控股股东、实际控制人支配的股东所持发行人的股份不存在重大权属纠纷。"

《首次公开发行股票并在创业板上市管理办法》（2018年修正）第二十二条规定："发行人股东大会应当就本次发行股票作出决议，决议至少应当包括下列事项：（一）股票的种类和数量；（二）发行对象；（三）发行方式；（四）价格区间或者定价方式；（五）募集资金用途；（六）发行前滚存利润的分配方案；（七）决议的有效期；（八）对董事会办理本次发行具体事宜的授权；（九）其他必须明确的事项。"

2.《证券法》相关要求

《证券法》（2014年修正）第五十五条规定："上市公司有下列情形之一的，由证券交易所决定暂停其股票上市交易：（一）公司股本总额、股权分布等发生变化不再具备上市条件；（二）公司不按照规定公开其财务状况，或者对财务会计报告作虚假记载，可能误导投资者；（三）公司有重大违法行为；（四）公司最近三年连续亏损；（五）证券交易所上市规则规定的其他情形。"

《证券法》（2014年修正）第五十六条规定："上市公司有下列情形之一的，由证券交易所决定终止其股票上市交易：（一）公司股本总额、股权分布等发生变化不再具备上市条件，在证券交易所规定的期限内仍不能达到上市条件；（二）公司不按照规定公开其财务状况，或者对财务会计报告作虚假记载，且拒绝纠正；（三）公司最近三年连续亏损，在其后一个年度内未能恢复盈利；（四）公司解散或者被宣告破产；（五）证券交易所上市规则规定的其他情形。"

《证券法》（2014年修正）第七十五条规定："证券交易活动中，涉及公司的经营、财务或者对该公司证券的市场价格有重大影响的尚未公开的信息，为内幕信息。下列信息皆属内幕信息：（一）本法第六十七条第二款所列重大事件；（二）公司分配股利或者增资的计划；（三）公司股权结构的重大变化；（四）公司债务担保的重大变更；（五）公司营业用主要资产的抵押、出售或者报废一次超过该资产的百分之三十；（六）公司的董事、监事、高级管理人员的行为可能依法承担重大损害赔偿责任；（七）上市公司收购的有关方案；（八）国务院证券监督管理机构认定的对证券交易价格有显著影响的其他重要信息。"

3. 新三板挂牌相关要求

《全国中小企业股份转让系统业务规则（试行）》第2.1条规定："股份有限公司申请股票在全国股份转让系统挂牌，不受股东所有制性质的限制，不限于高新技术企业，应当符合下列条件：（一）依法设立且存续满两年。有限责任公司按原账面净资产值折股整体变更为股份有限公司的，存续时间可以从有限责任公司成立之日起计算；（二）业务明确，具有持续经营能力；（三）公司治理机制健全，合法规范经营；（四）股权明晰，股票发行和转让行为合法合规；（五）主办券商推荐并持续督导；（六）全国股份转让系统公司要求的其他条件。"

《全国中小企业股份转让系统股票挂牌条件适用基本标准指引》第四大条款为"股权明晰，股票发行和转让行为合法合规"，具体规定如下：

股权明晰，是指公司的股权结构清晰，权属分明，真实确定，合法合规，股东特别是控股股东、实际控制人及其关联股东或实际支配的股东持有公司的股份不存在权属争议或潜在纠纷。

（1）公司的股东不存在国家法律、法规、规章及规范性文件规定不适宜担任股东的情形。

（2）申请挂牌前存在国有股权转让的情形，应遵守国资管理规定。

（3）申请挂牌前外商投资企业的股权转让应遵守商务部门的规定。

股票发行和转让合法合规，是指公司及下属子公司的股票发行和转让依法履行必要内部决议、外部审批（如有）程序。

（1）公司及下属子公司股票发行和转让行为合法合规，不存在下列情形：

①最近36个月内未经法定机关核准，擅自公开或者变相公开发行过证券；

②违法行为虽然发生在36个月前，目前仍处于持续状态，但《非上市公众公司监督管理办法》实施前形成的股东超200人的股份有限公司经中国证监会确认的除外。

（2）公司股票限售安排应符合《公司法》和《全国中小企业股份转让系统业务规则（试行）》的有关规定。

公司曾在区域股权市场及其他交易市场进行融资及股权转让的，股票发行和转让等行为应合法合规；在向全国中小企业股份转让系统申请挂牌前应在区域股权市场及其他交易市场停牌或摘牌，并在全国中小企业股份转让系统挂牌前完成在区域股权市场及其他交易市场的摘牌手续。

12.1.4 建立更好的股权激励体系

目前，我国上市企业实施股权激励已非常普遍，越来越多的非上市企业、中小企业也越发重视股权激励，更随着企业实施的显著效果而愈加深入人心。

股权激励的实质是授予经营者一定的剩余索取权。因为高级管理人员的年度报酬与企业的经营业绩不存在必然的正相关关系，高级管理人员的持股比例与企业的经营绩效也不存在必然的正相关关系，因此，企业业绩的货币变动应部分转变为经营者的报酬变动。

正确而有效地实施股权激励，对企业发展的助益极大（本书并非讨论股权激励，因此不做详述）。但应注意，必须是"正确+有效"，而要保证其能够实施的前提就是股权结构。无数事实证明，股权结构会影响股权激励机制的发挥。因为股权激励涉及的问题非常多，如果设计不好，非但不能起到激励效果，还可能会产生负面因素，轻则影响企业经营发展，重则会将企业拖入"深渊"。

因此，在进行股权激励之前，再往前推是企业创立之始就必须要考虑股权设计的重要因素。只有在完善健全的股权架构基础上才能设计出优质的股权激励方案。

12.1.5 方便进行股权融资

企业进行股权融资必然要对创始人（及团队）的股权比例加以稀释，新加入的占有一定比例股权的投资人也会委派董事会成员参与企业管理。这就印证了一直在企业发展管理领域流传的一句话"股权融资是把双刃剑"。企业在获取资金的同时，也将"麻烦"一并吸纳了，这些"麻烦"会给企业带来很多限制或束缚，而打破这些限制或束缚的根本就在于股权设计。进行有效的股权设计，防范可能发生的风险和纠纷，让股权融资发挥正向作用，而非负向作用。

因此，企业进行股权融资时必然要涉及股权设计的问题，包括但不限于何时进行融资、融资额度、融资价格（涉及稀释的股权比例）、对赌条款如何博弈、公司治理如何调整等因素，只有将这些问题进行有效设计，才能保证融资过程畅通，助推企业快速成长。最终目的是保障企业在有充足资金支持的情况下，继续保证创始人（及团队）能稳固掌控企业的控制权。

12.2 顶层股权设计的"三必原则"

股权设计要确保做到最基本的原则，为企业股权设计的操作实施保驾护航。为此，我们提供了三个必须。

12.2.1 必须有主营业务

管仲在《管子·国蓄第七十三》中说："利出于一孔者，其国无敌；出二孔者，其兵不诎；出三孔者，不可以举兵；出四孔者，其国必亡。"

"利出一孔"对于当今企业经营仍有借鉴价值，放眼看所有大型企业都有着各自的利益"孔道"，而且都在各自的"孔道"内孜孜不倦，力求让主营业务长期保持在领先地位。

小米从创立至今刚 11 年，却发展为生态型企业，正是得益于其始终致力于对主营业务的开发。

小米商城是小米手机官方网站，直营小米公司旗下所有产品，囊括小米手机、小米家电、小米智能设备、小米搭配、小米配件和小米周边等多个大品类。同时，提供小米客户服务及售后支持，本着"为发烧而生"的极致精神，致力于为全球的用户提供来自中国的优质科技产品。

主营业务不是说只能做一款产品或一项业务，在互联网时代靠一款产品包打天下已经不现实了。如今的主营业务要控制在同类别或同生态范围内，力求做到在核心产品的带动下，形成集团式产品上线升级。

我们可以看到，小米虽然有多个大品类，但都是围绕小米的核心产品——手机而绵延展开，而且小米的产品集团优势是建立在小米的强项领域——智能产品上。

正是因为有了主营业务做支撑，并将围绕其业务生态持续做好，企业的业绩才能不断增长。随着企业价值的不断提升，企业的股票价值也随之水涨船高，这样的企业做股权划分才是最具吸引力的。

12.2.2 必须有核心股东

所谓"人无头不走，鸟无头不飞"，一家企业不管有多少高端人才，但"领头羊"只能有一个，即有一个核心股东。

甲公司由 A、B、C 三人创立，根据投资份额依次占股 40%、40%、20%。其中，A 和 B 不参与经营，C 独自经营公司。三年后，公司产值做到 4000 万元。

随着公司不断壮大，C 的心理也越发不平衡，自己拼死拼活地干，但只能分得最少的红利，A 和 B 什么都不干却分到大头。于是，C 找 A、B 商量，希望能增加股份，结果被 A、B 两人当场回绝。

A 说："如果公司做到今天大亏呢？我们就要承担大部分债务，那时你会不会说是你经营不力导致的，你自己多承担一些，我们俩少承担一些呢？"

B 说："既然你承担了 20% 的责任，就分 20% 的分红。我们承担 80% 的责任，就该享受 80% 的分红。"

C 生气地说："如今的责任和分红是按照咱们的出资划分的，如果咱们三个同时参与经营，这么分当然没问题。现在是我一个人在工作，你们坐享其成，我贡献了 100%，你们的贡献为 0，分红时难道不该考虑个人贡献吗？现在这样分配就是不公平。"

我们不讨论甲公司的未来，也不为 C 思考未来，而是要从甲公司股东间的矛盾看到深刻的问题。

企业治理的直接目的是解决企业的产权和股东关系。甲公司的矛盾爆发是股东关系没有厘清所致，创业之初只是简单地按照出资比例设定股权结构，随着经营的深入与扩展，对于初始资金的要求由大到小最后到零，对于人才的需要从小到大再到无限大。在甲公司创业之初，A 和 B 的资金是重要的，但度过创业艰苦期后，C 的付出就越发重要了。在股权划分时要考虑多方面因素，选出一个核心股东，让其能长期带领企业前行。

继续结合甲公司的情况分析，该公司的核心股东绝对不是只出钱不出力的 A 和 B，而是又出钱又出力的 C。虽然 C 的出资最少，但也占据 20%，而出力方面则是 100%。用一个简单的公式就可以计算出 A、B、C 三人对公司的贡献，即出资比 + 出力比，A 只有出资的 40%，B 也同样是出资的 40%，C 则是出资的 20% 加出力的 100%，共计 120%。

当然，这个公式只是临时计算而已，并不具有官方意义。很多企业的情况也要比甲公司复杂得多，计算方式或划分方式也要复杂很多，但无论如何企业都必须有一个核心股东，才能保证企业的成长发展。

12.2.3 必须"规范经营+公司化治理"

企业经营离不开各种法律与规章，其既是对企业经营行为的限制，也是对企业各种权益的保障。

在内部有企业自行制定的《公司章程》和股东自愿签署的《股东出资协议》《合伙人合伙合同》等。

在外部有国家的各种法律条文，如《中华人民共和国劳动法》《中华人民共和国公司法》《中华人民共和国合伙企业法》《中华人民共和国信托法》《中华人民共和国证券投资基金法》《中华人民共和国证券法》《公司注册资本登记管理规定》《上市公司股权激励管理办法》《上市公司收购管理办法》《非上市公众公司监督管理办法》《首次公开发行股票并上市管理办法》《首次公开发行股票并在创业板上市管理办法》《国务院关于开展优先股试点的指导意见》《私募投资基金监督管理暂行办法》等。

结合各类内外部规章制度，企业逐渐从创业的不规范走向规范，实现规范化经营，不让任何有异想的人有空子可钻。

2006年7月13日，传出一条爆炸性新闻，时任创维集团董事局主席黄宏生因跟胞弟、时任创维数码执行董事黄培生一起串谋诈骗创维数码5000万港元而入狱。

此次事件发生的起始因素是创维最初经营不规范，公司化治理结构漏洞百出。之后创维上市，矛盾进一步增加，多位创业元老离开，创维管理层不断更换。

可见，一家企业如果没有过硬的规范化经营和公司化治理制度，就无法保证企业的长期发展。股权设计必须建立在公平、公正、合理及公司良性发展的基础上。在动荡的企业中，任何形式的股权设计都变得没有意义。

12.3 顶层股权设计情况汇总

世界上没有两片相同的叶子，股权架构也是如此，每个企业的股权架构都不一样，每个企业因股权设计导致的问题也不一样。通过本书的讲解，我们已经知道股权设计具有很大的复杂性和不确定性，股权设计遇到的问题更多是个性问题。解决时缺少参考对象、缺少实际方法，需要企业创始人（及团队）建立更多对股权和对企业的认知，结合两者，以实际客观的态度进行股权架构设计，不求十分完美，但求不断改进，防患于未然，整饬于深处。

股权设计伴随企业成立而产生，随着公司消失而结束，铺展于企业经营的各个阶段。因此，股权设计是一个动态调整、不断优化的过程。

12.3.1 轻股权比例，重表决权比例

在股权设计中，股权比例和表决权比例都很重要，但要想同时抓住这两类权利并不容易，尤其是在企业经历多轮融资后，需要释放大量股权，股权占比必然大幅下挫，通过股权控制企业越发不现实。

更现实的操作是控制表决权比例，通过设定公司章程、一致行动协

议、投票权委托、AB股模式等，创始人（及团队）能够掌控足够控制企业的表决权。

在一些特殊情况下，法律法规也存在一些特殊约定，如关联方回避表决等。下面通过实际案例对关联方回避表决进行具体解释。

珠海格力电器股份有限公司（以下简称公司或上市公司或格力电器）于2016年8月19日发布《发行股份购买资产并募集配套资金暨关联交易报告书（草案）摘要》，又于同年10月31日发布《关于召开2016年第一次临时股东大会决议公告》。这两个公告分别是格力电器对发行股份购买资产并配套募集资金方案进行解释和对临时股东大会表决情况的披露。

1.《发行股份购买资产并募集配套资金暨关联交易报告书（草案）摘要》的主要内容

（1）方案概要。

本次交易方案由发行股份购买资产、发行股份募集配套资金两部分构成。

本公司拟以130亿元的价格向珠海银隆全体21名股东发行股份购买其持有的珠海银隆合计100%的股权；同时，公司拟向格力集团、格力电器员工持股计划、银通投资集团、珠海拓金、珠海融腾、中信证券、孙国华和招财鸿道，共计8名特定投资者非公开发行股份募集不超过100亿元，募集配套资金总额不超过拟购买资产交易价格的100%。本次募集配套资金拟全部用于珠海银隆的建设投资项目，包括河北银隆年产14.62亿安时锂电池生产线项目、石家庄中博汽车有限公司搬迁改造扩能项目（二期）、河北银隆年产200MWh储能模组生产基地建设项目、河北广通年产32000辆纯电动专用车改装生产基地建设项目、珠海银隆总部研发中心升级建设项目。如果募集配套资金未获核准实施或虽获核准实施但募集金额不足100亿元，则不足部分由公司以自筹资金补足。

2016年8月17日，公司与银通投资集团等珠海银隆全体股东签署了《发行股份购买资产协议》。2016年8月17日，公司与银通投资集团、珠海厚铭、普润立方、北巴传媒、红恺软件、普润立方壹号、横琴银峰和横琴银恒共 8 名珠海银隆股东签署了《补偿协议》。2016 年 8 月 17 日，公司与格力集团、格力电器员工持股计划、银通投资集团、珠海拓金、珠海融腾、中信证券、孙国华和招财鸿道共 8 名特定投资者签署了《股份认购协议》。

本次募集配套资金的生效和实施以本次收购的生效和实施为条件，但最终配套融资发行成功与否不影响本次收购的实施。

（2）发行股份购买资产情况。

①交易标的：本次交易上市公司拟购买的标的资产为珠海银隆100%股权。

②定价依据：标的资产的交易对价以具有相关证券业务资格的资产评估机构出具的资产评估报告结果为基础，由交易双方协商确定。根据中同华出具的《资产评估报告》（中同华评报字〔2016〕第 450 号），以 2015 年 12 月 31 日为评估基准日，珠海银隆股东全部权益评估价值为 1296600 万元，截至评估基准日经审计的账面净资产值（母公司口径）为 387777.85 万元，评估增值率为 234.37%。考虑到评估基准日后，珠海银隆收到股东缴付的投资款人民币 9000 万元，珠海银隆的股东全部权益价值应增加 9000 万元至 130.56 亿元。参考珠海银隆的股东全部权益价值，经公司与珠海银隆股东协商，公司收购珠海银隆全部股权的作价为 130 亿元。

③发行价格：根据《重组办法》，上市公司发行股份的价格不得低于市场参考价的 90%，市场参考价为本次发行股份购买资产的董事会决议公告日前 20 个交易日、60 个交易日或者 120 个交易日的公司股票交易均价之一。交易均价的计算公式为：董事会决议公告日前若干个交易日公司股票交易均价 = 决议公告日前若干个交易日公司股票交易总额 ÷ 决议公告日前若干个交易日公司股票交易总量。

本次发行股份的定价基准日为董事会作出本次发行股份购买资产决议公告日，即上市公司十届董事会第七次会议决议公告日。本次每股发行价格为定价基准日前 20 个交易日公司 A 股股票交易均价的 90%，即 17.07

元/股。

经上市公司2016年5月19日召开的2015年度股东大会审议通过，公司2015年度权益分派方案为：以公司截至2016年7月6日的总股本6015730878股为基数，向全体股东每10股派15元现金（含税），共计派发现金9023596317元。上市公司已于2016年7月7日实施上述权益分派方案，因此本次发行股份购买资产的每股发行价格调整为15.57元。该股份发行价格已经公司十届董事会第七次会议审议通过，尚待股东大会审议通过。

（3）发行股份募集配套资金情况。

①认购对象的认购金额及认购股数（见表12-1）。

表12-1 格力电器募集配套资金各认购对象认购金额及认购股数

认购对象	认购金额（万元）	认购股数（万股）
格力集团	418765.01	26895.63
格力电器员工持股计划	不超过238000	不超过15285.81
银通投资集团	100000	6422.61
珠海拓金	75000	4816.96
珠海融腾	75000	4816.96
中信证券	50000	3211.3
孙国华	29234.99	1877.65
招财鸿道	14000	899.17
合计	不超过1000000	不超过64226.09

②交易价格：按照《发行管理办法》《上市公司非公开发行股票实施细则》等相关规定，上市公司非公开发行股票，发行价格不低于定价基准日前20个交易日公司股票交易均价的90%。

本次发行股份募集配套资金的发行价格与发行股份购买资产的发行价格一致，均为15.57元/股。该股份发行价格已经公司十届董事会第七次会议审议通过，尚待股东大会审议通过。

2.《关于召开2016年第一次临时股东大会决议公告》的主要内容

第十二章 股权设计的底层支撑

（1）本次股东大会出现否决议案的情形，否决的议案如下。

议案 1：《关于公司本次发行股份购买资产并募集配套资金暨关联交易符合法律、法规规定的议案》。

议案 4：《关于公司募集配套资金的议案》。

议案 5：《关于补充调整公司募集配套资金方案的议案》。

议案 6：《关于公司募集配套资金构成关联交易的议案》。

议案 7：《关于〈珠海格力电器股份有限公司发行股份购买资产并募集配套资金暨关联交易报告书（草案）修订稿〉及其摘要的议案》。

议案 8：《关于本次发行股份购买资产及募集配套资金不构成重大资产重组及借壳上市的议案》。

议案 11：《关于与特定对象签署附条件生效的〈股份认购协议〉的议案》。

议案 12：《关于与特定对象签署附条件生效的〈股份认购协议之补充协议〉的议案》。

议案 13：《关于与公司员工持股计划签署附条件生效的〈股份认购协议之补充协议〉的议案》。

议案 15：《关于公司符合实施本次发行股份购买资产并募集配套资金有关条件的议案》。

议案 18：《关于本次发行股份购买资产并募集配套资金暨关联交易履行法定程序的完备性、合规性及提交法律文件的有效性的说明》。

议案 19：《关于提请股东大会授权公司董事会全权办理本次发行股份购买资产并募集配套资金相关事宜的议案》。

议案 20：《关于修订〈珠海格力电器股份有限公司员工持股计划（草案）〉及其摘要的议案》。

议案 21：《关于授权董事会及其授权人士全权办理公司员工持股计划相关事宜的议案》。

议案 25：《关于本次募集配套资金投资项目可行性研究报告的议案》。

（2）本次股东大会未涉及变更以往股东大会已通过的决议。

（3）本次股东大会表决情况总结。

①上述议案 2、议案 3、议案 9、议案 10、议案 14、议案 16、议案 17、议案 22、议案 23、议案 24 获得出席本次股东大会的股东所持有效表决权 2/3 多数通过，议案 1、议案 4、议案 5、议案 6、议案 7、议案 8、议案 11、议案 12、议案 13、议案 15、议案 18、议案 19、议案 20、议案 21、议案 25 未获得出席本次股东大会的股东所持有效表决权 2/3 多数通过，议案 26 获得出席本次股东大会的股东所持有效表决权过半数通过。

②涉及关联股东须回避表决的议案：上述议案 1 至议案 21 以及议案 25 等二十二项议案（包括议案 2 至议案 5 的所有子议案）均为涉及关联股东须回避表决的议案，按照相关规定所涉及的如下关联股东对相关议案回避了表决（见表 12-2）。

表12-2　关联股东相关议案回避表决情况

关联股东名称	存在的关联关系	所持表决权股份数量（股）	回避表决情况
阳光人寿保险股份有限公司、上海敦承投资管理中心（有限合伙）、珠海横琴永恒润企业管理咨询合伙企业（有限合伙）、中信证券股份有限公司	于股权登记日持有公司股票且为本次发行股份购买资产的交易对方或其关联方的公司股东	6429142	就议案2、议案3、议案9、议案10、议案14、议案16、议案17七项议案回避表决
公司高管及普通员工共498人	于股权登记日持有公司股票且为公司员工持股计划参与对象的公司股东	62475048	就议案20、议案21和议案13三项议案回避表决
公司高管及普通员工共498人、珠海格力集团有限公司、中信证券股份有限公司、宁波梅山保税港区招财鸿道投资管理有限责任公司	于股权登记日持有公司股票且为本次募集配套资金的认购对象或其关联方	1164783394	就议案4、议案5、议案6、议案11、议案12和议案25六项议案回避表决

续表

关联股东名称	存在的关联关系	所持表决权股份数量（股）	回避表决情况
阳光人寿保险股份有限公司、上海敦承投资管理中心（有限合伙）、珠海横琴永恒润企业管理咨询合伙企业（有限合伙）、珠海格力集团有限公司、中信证券股份有限公司、宁波梅山保税港区招财鸿道投资管理有限责任公司、公司高管及普通员工共498人	于股权登记日持有公司股票且具有如下情形之一的公司股东须回避表决：①为本次发行股份购买资产的交易对方或其关联方；②为本次募集配套资金的认购对象或其关联方	1165179814	就议案1、议案7、议案8、议案15、议案18和议案19六项议案回避表决

12.3.2 股权融资的内核

企业融资可分为直接融资和间接融资，间接融资最常见的方式是银行贷款，直接融资最常见的方式是股权融资。

中小企业主要依赖间接融资，但间接融资有较大的局限性。直接融资虽然涉及股权稀释，但是随着投资机构和私募基金的发展，直接融资已成为企业更重要的资金来源。

进行股权融资，引进投资机构需要关注两个大方面。

1. 公司估值

公司估值又称"企业估值""企业价值评估"，是投融资、股权交易的前提，只有通过公司估值才能确定合理的交易价格。本部分简单介绍几种估值方法。

（1）PE法。

PE即市盈率，是企业按有关折现率计算的盈利能力的现值。

市盈率分为两种：①静态市盈率，也称"历史市盈率"，对应于企业上一个财务年度的利润（或前12个月的利润）；②动态市盈率，也称"预测市盈率"，对应于企业当前财务年度的利润（或未来12个月的利润）。

市盈率的确定：同类上市企业的行业平均市盈率或者行业未来两年的平均市盈率，打个折扣。

公式：企业价值 = 市盈率 × 净利润

公司估值的 PE 倍数约为：静态 8～10 倍，动态 5～8 倍。但现实中 PE 倍数的浮动很大，成长性差的企业可能只有 3～5 倍，高速成长的企业可以达到 10～20 倍。

PE 法适用于周期性较弱、盈利相对稳定的企业，如公共服务业、食品业。

（2）PS 法。

PS 即市销率，反映企业的投资周期与潜力。市销率越低，说明企业股票目前的投资价值越大，也说明企业的价值越大。

市销率的确定：根据同行业上市企业的平均价格销售比，打个折扣。

公式：企业价值 = 价格销售比（PS）× 预测销售额

公司估值的 PS 倍数范围为 30～40 倍。

PS 法的特点：①不会出现负值；②不能反映成本的变化；③只能用于同行业对比；④结果对价格和企业战略变化敏感。

PS 法适用于经营平稳的企业、高速增长的企业、经营困难（没有利润）的企业。

（3）PB 法。

PB 即市净率，是每股股价与每股净资产的比例。市净率可用于投资分析，市净率较低的股票，投资价值较高，相反则投资价值较低。

市净率的确定：根据同行业上市公司平均市净率，打个折扣。

公式：企业价值 = 市净率（PB）× 净资产

公司估值的 PB 倍数范围为 2～3 倍。

PB 法适用于周期性较强的行业（拥有大量固定资产且账面价值相对稳定），如银行、保险和其他流动资产比例高的企业；还有业绩差及重组型企业。

（4）EV/EBITDA 法。

EV/EBITDA 法即企业价值倍数，是一种被广泛使用的公司估值指标。EV/EBITDA 和 PE 的指标用法一样，其倍数相对于行业平均水平或历史水平的比较，较高说明高估，较低说明低估，不同行业或板块有不同的估值（倍数）水平。

公式：公司价值 =EV/EBITDA 倍数 × 息税折旧前盈利

其中：EV= 市值 +（总负债 – 总现金）= 市值 + 净负债

EBITDA= 营业利益 + 折旧费用 + 摊销费用

（其中：营业利益 = 毛利 – 营业费用 – 管理费用）

EV/EBITDA 法适用于资本密集、准垄断或具有巨额商誉的收购型企业；净利润亏损，但毛利、营业利益并不亏损的企业。

（5）DCF 法。

DCF 即现金流量贴现，是将企业未来特定期间内的预期现金流量还原为当前的现值。企业价值的精髓还是未来盈利的能力，只有当企业具备这种能力，它的价值才会被市场认同，因此理论界通常把 DCF 法作为企业价值评估的首选方法。

使用 DCF 法的关键点：①预期企业未来存续期各年度的现金流量；②找到合理的、公允的折现率；③折现率的大小取决于取得的未来现金流量的风险，风险越大，要求的折现率就越高，反之折现率越低。

公式：未来现金流量值（PV）= $\sum CF_n \div (1+R)n$

变量说明：CF_n——第 n 年的现金流量

R——贴现率（要求投资回报率或加权平均资本成本）

DCF 法原则上适用于任何企业，但对于成长期、成熟期的企业更为适用。

2. 投资方的选择

企业在进行股权融资时，不要仅以投资数额和有利于自己的投资条件盲目确定投资方，还需要对投资方进行必要的考察和筛选。

（1）资金实力。企业引进投资者，首先应考虑投资方的资金实力，以免日后资金不到位影响企业融资节奏和经营发展。

（2）行业相关性。投资方与融资企业从事的产业是否具有一定相关性或有合作关系？如果能够为融资企业带来资金之外的协同资源，实现

1+1＞2的效果最好。

（3）投资期限。长期稳定的投资既让融资企业免于陷入现金流危机，也避免出现股权频繁变动带来的负面影响。

（4）回报需求。投资方进行投资的目的是得到回报，但回报应该在合理的范围内，绝不能是追求短期暴利的"逐利者"，更不能是企图夺取融资企业控制权的"野蛮人"。

（5）提升管理水平。投资方除必须具备的金融实力外，还能为融资企业带来先进技术和管理经验，帮助融资企业提升管理水平和经营效率，就等于帮助投资方获得更多的利益回报。

（6）其他因素。如投资协议中的特殊约定，是否签订对赌协议（或对赌条款）等。

既然提到对赌，就看看什么是对赌，以引出下一部分。

对赌又称"估值调整机制"，在国际 PE 投资实践中运用得非常普遍。对赌协议（或对赌条款）的签署多因信息不对称所致，即投资方因对融资企业了解不充分而较难准确预见未来的经营成果，故会与融资企业及其原股东商定一个目标，并基于该目标给融资企业估值。若融资企业达成目标，投资方会相应调高估值；若未达成目标，投资方有权获得一定的补偿。

因此，对赌双方赌的是企业未来一定时期能否达成一定目标，对赌筹码则是双方的股权、现金或企业控制权等权益。

12.3.3 引进对赌的股权设计

对赌是企业进行股权融资时经常遇到的情况，对赌的目的是投资人对自身利益的保护。通过设计对赌协议（或对赌条款）的具体内容，投资人可以将投资的不可控转变为可控，因此对赌协议（或对赌条款）往往是从投资人利益角度进行设计，也是渴望融资的企业在进入投资时最为担心和忌惮的。

一些急于融资的企业甘愿签订对赌协议（或对赌条款），是为了提升融资成功率，但也因此埋下了危机。如果对赌协议（或对赌条款）中约定的条款未能实现，则融资公司要按照协议约定给投资方一定的补偿，甚至严重的会因此丧失对企业的控制权。因此，融资公司必须熟悉对赌协议（或对赌条款），对常会涉及的内容有所了解，再从企业自身情况进行权衡，是否能够接受对赌条件。

对赌协议（或对赌条款）的内容通常分为四个方面：业绩方面、限制方面、股权方面、管理层对赌方面。

1. 业绩方面

（1）财务业绩。融资企业在约定期限内能否实现承诺的财务业绩，主要指净利润。如果业绩达不到对赌协议（或对赌条款）之约定，融资企业需要对投资方进行股份赔偿或现金赔偿，抑或两者兼有。

常见的业绩赔偿公式如下：

① T1 年度补偿款金额 = 投资方投资总额 ×（1- 公司 T1 年度实际净利润 ÷ 公司 T1 年度承诺净利润）

② T2 年度补偿款金额 =（投资方投资总额 - 投资方 T1 年度已实际获得的补偿款金额）×［1- 公司 T2 年度实际净利润 ÷ 公司 T1 年度实际净利润 ×（1+ 公司承诺 T2 年度同比增长率）］

③ T3 年度补偿款金额 =（投资方投资总额 - 投资方 T1 年度和 T2 年度已实际获得的补偿款金额合计数）×［1- 公司 T3 年度实际净利润 ÷ 公司 T2 年度实际净利润 ×（1+ 公司承诺 T3 年度同比增长率）］

（2）上市时间/申报时间。融资企业在对赌协议（或对赌条款）约定的期限内实现上市或申报。上市时间往往与股份回购挂钩，如果在约定期限内不能上市，融资企业需要按照协议约定回购投资方股份，通常会附带一定的利息成本。

2. 限制方面

（1）竞业限制。在融资公司上市或被收购前，大股东（或高级管理层）不得通过其他公司或其关联方，或以其他任何方式从事与融资企业业务相竞争的业务。

投资方还会要求融资企业的大股东（或高级管理层）在约定期限内不得离职，或者不设离职时间限制，但在离职后的约定期限内不得从事与融资企业业务相竞争的业务。

竞业限制的目的是防止融资企业的大股东（或高级管理层）从事与融资企业相竞争的业务，以此来进行利益输送。

（2）股权转让限制。投资方对融资企业的大股东（或高级管理层）的股权转让设置一定条件，仅当条件达到时方可进行股权转让。

（3）反稀释条款限制。在投资方入股之后，融资企业再引进新投资方时，原投资方有权继续认购一定比例的增资，以保障原投资方的股权比例不会因为新一轮增资而降低。

（4）引进新投资者限制。投资方与融资企业约定，未来再引入新投资方时，其入股价格不应低于现投资方的入股价格。若新投资方认购融资企业股份的每股价格低于现投资方认购时的价格，则现投资方的认购价格将自动调整为新投资方的认购价格，溢价部分或折成相应股份，或现金兑现（附带利息成本）。

3. 股权方面

（1）一票否决权。投资方要求在融资企业的股东会/股东大会或董事会对特定决议事项享有一票否决权。

（2）优先分红权。融资企业每年的净利润要按照投资方投资金额的一定比例，优先于其他股东分配给该投资方。

（3）优先购股权。融资企业上市前，若要增发股份，投资方有权优先于其他股东认购增发的股份。

（4）优先清算权。融资企业进行破产清算时，投资方有权优先于其他股东分配剩余财产。

（5）强卖权。融资企业在对赌协议（或对赌条款）约定期间内未达成约定事项，如未能在约定期限内上市，或者经营出现重大问题，投资方有权强制性要求融资企业原股东（主要是创始人股东和管理层股东）与自己一起向第三方转让股份，原股东应按照投资方与第三方达成的转让价格和交易条件出售股份。

（6）股权回购权。融资企业在对赌协议（或对赌条款）约定期间内未达成约定事项，如未能在约定期限内上市，或者经营出现重大问题，融资企业或企业原始股东有义务按事先约定的价格回购投资方所持有的全部或者部分融资企业的股权，通常按年化收益率10%~15%的资金成本进行回购。

4. 管理层对赌方面

融资企业在对赌协议（或对赌条款）约定期间内未达成约定事项，如未能在约定期限内上市，或者经营出现重大问题，由投资方获得融资企业董事会的多数席位，以增加对融资企业管理层的控制。

关于对赌，下面切入一个案例。

在中国，对赌以"舶来品"的姿态出现，但很快就在中国的PE投资实践中得到广泛运用。最为常见的对赌条款是关于财务绩效和上市时间的对赌。

2007年11月1日，甘肃众星锌业有限公司（以下简称众星锌业）作为甲方，苏州工业园区海富投资有限公司（以下简称海富投资）作为乙方，香港迪亚有限公司（以下简称香港迪亚）作为丙方，陆波作为丁方，共同签署一份《甘肃众星锌业有限公司增资协议书》（以下简称《增资协议书》），其中约定：甲方注册资本为384万美元，丙方占投资的100%，甲、丙、丁三方同意乙方以现金2000万元人民币对甲方进行增资，占甲方增资后总注册资本的3.85%，丙方占96.15%。

《增资协议书》第七条第二项关于众星锌业业绩目标的约定：甲方2008年净利润不低于3000万元人民币。如果甲方2008年实际净利润完不成3000万元人民币，则乙方有权要求甲方予以补偿，如果甲方未能履行补偿义务，则乙方有权要求丙方履行补偿义务。补偿金额=（1−2008年实际净利润÷3000万元）× 乙方本次投资总额。

《增资协议书》第七条第四项关于众星锌业上市时间的预定：若至2010年10月20日，由于甲方的原因造成无法完成上市，则乙方有权在任一时刻要求丙方回购届时乙方持有的甲方全部股权。若自2008年1月1日起，甲方的净资产年化收益率超过10%，则丙方回购金额为乙方所持甲方股份对应的所有者权益账面价值；否则，丙方回购金额为（乙方的原始投资金额－补偿金额）×（1+10%×投资天数÷360）。

海富投资依约于2007年11月2日履行了出资义务，其中众星锌业新增注册资本114.7717万元人民币，资本公积金1885.2283万元人民币。

2008年2月29日，甘肃省商务厅《关于甘肃众星锌业有限公司增资及股权变更的批复》同意增资及股权变更，并批准"投资双方于2007年11月1日签订的增资协议、合资企业合营合同和章程从即日起生效"。随后，众星公司依据该批复办理了相应的工商变更登记。

但众星锌业2008年度生产经营利润总额仅为26858.13元人民币，净利润也为26858.13元人民币，虽经多次协商，众星锌业及香港迪亚拒不履行补偿承诺。

2009年6月，经甘肃省商务厅批准，众星锌业将名称变更为甘肃世恒有色资源再利用有限公司（以下简称世恒资源）。

海富投资遂于2009年12月向兰州市中级人民法院提起诉讼，请求判令世恒资源、香港迪亚、陆波按照对赌条款履行补偿义务。

以下是三次法院判决的根据与结果。

1. 一审判决：与公司对赌有损公司及债权人利益

兰州中院经审查认为：

（1）《增资协议书》第七条第二项关于世恒资源净利润达不到约定指标，海富投资有权要求世恒资源补偿的约定，不符合《中华人民共和国中外合资经营企业法》（本法于2021年1月1日起废止，以下简称《中外合资经营企业法》）第八条的规定，亦会损害公司利益及公司债权人的利益，不符合《公司法》第二十条第一款的规定。因此，根据《合同法》第五十二条之条件（五）的规定，该对赌条款的约定违反了法律、行政法规的强制性规定，为无效约定。

（2）《增资协议书》第七条第二项内容与《合资经营合同》中相关约

定不一致，依据《中华人民共和国中外合资经营企业法实施条例》（本法于2021年1月1日起废止）第十条第二款的规定，应以《合资经营合同》内容为准，故海富投资要求香港迪亚承担补偿责任的请求依法不予支持。

兰州中院认为海富投资的诉讼请求依法不能支持，世恒资源、香港迪亚、陆波不承担补偿责任的抗辩理由成立，判决驳回海富投资的全部诉讼请求。

（《公司法》第二十条第一款规定："公司股东应当遵守法律、行政法规和公司章程，依法行使股东权利，不得滥用股东权利损害公司或者其他股东的利益；不得滥用公司法人独立地位和股东有限责任损害公司债权人的利益。"）

2011年9月，海富投资向甘肃省高级人民法院提起上诉。

2. 二审判决：对赌有违风险共担原则

甘肃高院经审查认为：

各方当事人就世恒资源达不到财务指标，海富投资有权要求世恒资源及香港迪亚以一定方式予以补偿的约定，违反了投资领域风险共担的原则，使海富投资不论世恒资源经营业绩如何，均能获得约定收益而不承担任何风险。参照《最高人民法院关于审理联营合同纠纷案件若干问题的解答》第四条第二项的规定，《增资协议书》第七条第二项的该部分约定，因违反《合同法》第五十二条之条件（五）应认定无效。海富投资除已计入世恒资源注册资本的114.7717万元人民币外，其余1885.2283万元人民币资金名为投资，实为借贷。

虽然世恒资源与香港迪亚的补偿承诺亦归于无效，但是海富投资基于对其承诺的合理信赖而缔约，故世恒资源、香港迪亚对无效的法律后果应负主要过错责任。根据《合同法》第五十八条之规定，世恒资源与香港迪亚应共同返还海富投资1885.2283万元人民币及利息（自2007年11月3日起至付清之日止按照中国人民银行同期银行定期存款利率计算）。如果未按本判决指定的期间履行给付金钱义务，应当依照《民事诉讼法》第二百二十九条之规定，加倍支付延迟履行期间的债务利息。

（《最高人民法院关于审理联营合同纠纷案件若干问题的解答》第四条第二项规定："企业法人、事业法人作为联营一方向联营体投资，但不参加共同经营，也不承担联营的风险责任，不论盈亏均按期收回本息，或者按期收取固定利润的，是明为联营，实为借贷，违反了有关金融法规，应当确认合同无效。除本金可以返还外，对出资方已经取得或者约定取得的利息应予收缴，对另一方则应处以相当于银行利息的罚款。"）

（《民事诉讼法》第二百二十九条规定："被执行人或者被执行的财产在外地的，可以委托当地人民法院代为执行。受委托人民法院收到委托函件后，必须在十五日内开始执行，不得拒绝。执行完毕后，应当将执行结果及时函复委托人民法院；在三十日内如果还未执行完毕，也应当将执行情况函告委托人民法院。受委托人民法院自收到委托函件之日起十五日内不执行的，委托人民法院可以请求受委托人民法院的上级人民法院指令受委托人民法院执行。"）

世恒资源不服二审判决，向最高人民法院提起再审。2011年12月，最高法提审此案。

3. 再审判决：可与原股东对赌，不可与公司对赌

最高法经审查认为：

（1）海富投资可就其投资资金获得相对固定的收益，且不会受到世恒资源经营业绩的影响，会损及世恒资源及其债权人的利益，一审法院和二审法院根据《公司法》第二十条和《中外合资经营企业法》第八条的规定认定《增资协议书》中的这部分条款无效是正确的。

（2）二审法院认定海富投资1885.2283万元人民币的投资明为联营实为借贷，并判决世恒资源和香港迪亚向海富投资返还该笔投资，无法律依据，应予以纠正。

（3）香港迪亚对于海富投资的补偿承诺并不损害世恒资源及其债权人的利益，不违反法律法规的禁止性规定，是当事人的真实意思表示，故而有效。

最高法于2012年11月再审作出最终判决：

(1)撤销甘肃省高级人民法院（2011）甘民二终字第 96 号民事判决。

(2)本判决生效后三十日内，香港迪亚向海富投资支付协议补偿款 1998.2095 万元人民币。如未按本判决指定的期间履行给付义务，则按《民事诉讼法》第二百二十九条之规定，加倍支付延迟履行期间的债务利息。

(3)驳回海富投资的其他诉讼请求。

12.3.4 投资方的股权设计

作为融资企业，在引入投资机构时，必须进行股权设计，可以参考以下几点。

(1)避免单个投资方（机构或个人）股权比例过高。主要是防止因单个投资方话语权过高或对赌风险出现而引起企业失控。

(2)多机构并入。建议同时引入多家投资机构，以实现不同机构的资源整合，但数量不宜过多，否则每家机构持股比例过低，会失去积极性。

(3)投资者合计持股比例。外部投资者（机构或个人）的合计持股比例不能过高，否则会对创始人（及团队）的控制权形成威胁。企业上市前建议不超过 15%～30%。

四川吉峰农机连锁股份有限公司（以下简称公司或吉峰农机）《首次公开发行股票并在创业板上市招股说明书》的主要内容如下：

1. 实际控制人

本公司控股股东、实际控制人为王新明、王红艳夫妇。王新明现任本公司董事长兼总经理，持有本公司 18.65% 的股份。王红艳持有发行人 12.26% 的股权，四川神宇农业发展有限公司（以下简称四川神宇）持有本公司 14.76% 的股权，王新明为四川神宇的控股股东（根据四川神宇的公司章程的规定，目前王新明在四川神宇股东会中拥有 51% 的表决权），因此，王新明、王红艳夫妇能够实际控制发行人 45.67% 的股权。王新明、王红艳夫妇为公司的控股股东和实际控制人。除王新明在四川神宇拥有股权外，王新明、王红艳夫妇未持有除发行人外其他任何企业、公司或其他机构、组织的股权或权益。

2. 外部投资机构说明

昆吾九鼎投资管理有限公司（以下简称九鼎投资）为外部投资机构，持有公司9.32%的股份。单纯从外部投资机构看，吉峰农机只有九鼎投资一家外部机构，持股比例只有9.32%，持股比例不高，对实际控制人的控制权没有潜在风险。

3. 公司股东持股情况说明

公司85名自然人股东（包括王新明、王红艳和其他83名自然人）均出具了"本人不存在代持、信托等方式代任何第三人间接持有吉峰农机股份的情形，如果将来有任何第三人通过本人向吉峰农机主张股东权利，由本人承担一切法律后果"的声明。

公司法人股东四川神宇和九鼎投资分别出具了"本公司不存在以代持、信托等方式代任何第三人间接持有吉峰农机股份的情形，如果将来有任何第三人通过本公司向吉峰农机主张股东权利，由本公司承担一切法律后果。本公司股东不存在以代持、信托等方式代任何第三人间接持有本公司股权的情形"的声明。（本段落的"本公司"指四川神宇和九鼎投资）

保荐机构及发行人律师就发行人的股权是否清晰、是否存在纠纷或潜在纠纷进行了核查并发表意见："发行人的股权结构清晰，不存在纠纷或潜在纠纷。"

4. 其他说明

其他83名自然人股东共计持有公司45.01%的股份，通过招股说明书无法进行详细解释，可能存在部分外部投资者持股，也可能存在部分内部员工持股。

12.3.5 股东退出的股权设计

股权有进入，就有退出。有的退出可以预知，可通过提前设计回购条款等方式实现；有的退出是无法预知的，如股东被法院强制执行，企业解散等。

无论是哪种退出，都必须依据法律条款，企业、创始人和股东本人不可能擅自退出。下面，我们以《公司法》为依据对股东退出进行阐述。《公司法》涉及的股东退出情况可分为四大类。

1. 股权转让

股权转让是最常见的股权退出方式。有限责任公司具有资合性和人合性的特点，因此股权转让时，其他股东一般具有优先受让权，对外转让需要通知其他股东；股份有限公司则是资合性，只要转让双方同意即可，无须通知其他股东，其他股东也没有优先受让权。

（1）有限责任公司股权转让的规定。

《公司法》第七十一条规定："有限责任公司的股东之间可以相互转让其全部或者部分股权。股东向股东以外的人转让股权，应当经其他股东过半数同意。股东应就其股权转让事项书面通知其他股东征求同意，其他股东自接到书面通知之日起满三十日未答复的，视为同意转让。其他股东半数以上不同意转让的，不同意的股东应当购买该转让的股权；不购买的，视为同意转让。经股东同意转让的股权，在同等条件下，其他股东有优先购买权。两个以上股东主张行使优先购买权的，协商确定各自的购买比例；协商不成的，按照转让时各自的出资比例行使优先购买权。公司章程对股权转让另有规定的，从其规定。"

《公司法》第七十二条规定："人民法院依照法律规定的强制执行程序转让股东的股权时，应当通知公司及全体股东，其他股东在同等条件下有优先购买权。其他股东自人民法院通知之日起满二十日不行使优先购买权的，视为放弃优先购买权。"

（2）股份有限公司股权转让的规定。

《公司法》第一百三十七条规定："股东持有的股份可以依法转让。"

《公司法》第一百三十八条规定："股东转让其股份，应当在依法设立的证券交易场所进行或者按照国务院规定的其他方式进行。"

2. 异议股东请求回购股份

（1）有限责任公司的相关规定。

《公司法》第七十四条规定："有下列情形之一的，对股东会该项决议投反对票的股东可以请求公司按照合理的价格收购其股权：（一）公司连续五年不向股东分配利润，而公司该五年连续盈利，并且符合本法规定的分配利润条件的；（二）公司合并、分立、转让主要财产的；（三）公司章程规定的营业期限届满或者章程规定的其他解散事由出现，股东会会议通过决议修改章程使公司存续的。自股东会会议决议通过之日起六十日内，股东与公司不能达成股权收购协议的，股东可以自股东会会议决议通过之日起九十日内向人民法院提起诉讼。"

（2）股份有限公司的相关规定。

《公司法》第一百四十二条规定："公司不得收购本公司股份。但是，有下列情形之一的除外：（一）减少公司注册资本；（二）与持有本公司股份的其他公司合并；（三）将股份用于员工持股计划或者股权激励；（四）股东因对股东大会作出的公司合并、分立决议持异议，要求公司收购其股份；（五）将股份用于转换上市公司发行的可转换为股票的公司债券；（六）上市公司为维护公司价值及股东权益所必需。公司因前款第（一）项、第（二）项规定的情形收购本公司股份的，应当经股东大会决议；公司因前款第（三）项、第（五）项、第（六）项规定的情形收购本公司股份的，可以依照公司章程的规定或者股东大会的授权，经三分之二以上董事出席的董事会会议决议。公司依照本条第一款规定收购本公司股份后，属于第（一）项情形的，应当自收购之日起十日内注销；属于第（二）项、第（四）项情形的，应当在六个月内转让或者注销；属于第（三）项、第（五）项、第（六）项情形的，公司合计持有的本公司股份数不得超过本公司已发行股份总额的百分之十，并应当在三年内转让或者注销。上市公司收购本公司股份的，应当依照《中华人民共和国证券法》的规定履行信息披露义务。上市公司因本条第一款第（三）项、第（五）项、第（六）项规定的情形收购本公司股份的，应当通过公开的集中交易方式进行。公司不得接受本公司的股票作为质押权的标的。"

3. 合并、分立、减资

企业发生合并、分立，必然会涉及股份变动；企业发生减资，一定涉及股份退出。

《公司法》第一百七十二条规定："公司合并可以采取吸收合并或者新设合并。一个公司吸收其他公司为吸收合并，被吸收的公司解散。两个以上公司合并设立一个新的公司为新设合并，合并各方解散。"

《公司法》第一百七十五条规定："公司分立，其财产作相应的分割。公司分立，应当编制资产负债表及财产清单。公司应当自作出分立决议之日起十日内通知债权人，并于三十日内在报纸上公告。"

《公司法》第一百七十七条规定："公司需要减少注册资本时，必须编制资产负债表及财产清单。公司应当自作出减少注册资本决议之日起十日内通知债权人，并于三十日内在报纸上公告。债权人自接到通知书之日起三十日内，未接到通知书的自公告之日起四十五日内，有权要求公司清偿债务或者提供相应的担保。"

4. 公司解散

《公司法》第一百八十条规定："公司因下列原因解散：（一）公司章程规定的营业期限届满或者公司章程规定的其他解散事由出现；（二）股东会或者股东大会决议解散；（三）因公司合并或者分立需要解散；（四）依法被吊销营业执照、责令关闭或者被撤销；（五）人民法院依照本法第一百八十二条的规定予以解散。"

《公司法》第一百八十二条规定："公司经营管理发生严重困难，继续存续会使股东利益受到重大损失，通过其他途径不能解决的，持有公司全部股东表决权百分之十以上的股东，可以请求人民法院解散公司。"